DEL REMOTO DERECHO
A LA CONSTITUCIÓN
ESPAÑOLA 1978

Por: Paloma A. González Loché

Bibliografía y otros.

I – HISTORIA

- (B) La Historia del Derecho Español (José María Pérez Prendes);
- (B) El Origen y la Evolución del Derecho en España (García Gallo);
- (A) El Corán
- (A) Historia Universal (Salvat)

II – DERECHO CONSTITUCIONAL

- (C) – El Constitucionalismo Histórico Español (A. Torres del Moral);
- (B) – Apuntes sobre la Constitución Española (Otero Novas);
- (A) – Los Valores Superiores (G. Peces Barba);
- (B) – La Administración en la Constitución (Garrido / Baena / Entrena);
- (C) – Los Derechos Humanos (A. Truyol y Serra)
- (C) – Derecho Constitucional Español (2 Vols./A. Torres del Moral);

III – INTRODUCCIÓN AL DERECHO

- (A) – Introducción al Derecho (Ángel Latorre) – libro especialmente recomendado por su asequibilidad y sencillez.

---o0o---

Dificultad de Comprensión

(A) – Recomendado para principiantes. Sencillez y claridad conceptual
(B) – Para personas interesadas. Nivel medio. Consultas.
(C) – Para estudiantes o estudiosos del tema. Técnico. Profundización.

IDEAS BÁSICAS

¿Qué es el Derecho? — Entendido en un sentido jurídico y dentro de la comprensión que hoy tenemos de un Estado Moderno, el Derecho es un conjunto de normas de conducta obligatorias, establecidas o autorizadas por el Estado mismo y respaldadas por su poder.

¿Qué es una norma jurídica? – Es un enunciado que establece cómo ha de ordenarse una relación determinada entre dos o más personas fijando la conducta que deben observar.

Clases de normas jurídicas:

(a) **Coactivas**
1. <u>De omisión</u> – Implica para el obligado la no-realización de un acto: matar, lesionar, robar; conminando con una pena a quienes lo realicen.

2. <u>De acción</u> – Implica la realización de un acto/conducta: pagar impuestos, cumplimiento de obligaciones diversas, bajo amenaza de la pena que corresponda en caso de incumplimiento.

(b) **Facultativas** — En este tipo de normas existe un contenido distinto. Se trata de la autorización, concesión de facultades o poderes para que se puedan hacer, o no hacer, determinados actos por los particulares dentro de ciertos límites (Derecho subjetivo: "tener derecho a algo")

Estas normas, en consecuencia, se configuran como el cauce legal al servicio de los ciudadanos, ayuda y límite (legal) para alcanzar nuestros deseos, nuestra libre actividad y desarrollo de nuestra personalidad.

Las normas éticas o morales NO son jurídicas.

Las deudas de juego, las propinas, las normas impuestas por una religión (como podría ser el no reconocimiento del divorcio, etc.) no son en principio **jurídicas** hasta que el **Estado** las haya establecido como tales.

Sólo el Estado está capacitado para crear el Derecho (Legislativo = Parlamento); para velar por su correcta aplicación (Poder Judicial = Tribunales); para asegurar su cumplimiento (Poder Administrativo = Cuerpos de Policías y análogos).

NOTAS PRELIMINARES

"Del remoto Derecho a la Constitución"

EL ORIGEN DEL DERECHO

Se puede afirmar que el Derecho es la **Historia misma** de los Pueblos. La necesidad humana de establecerse en grupos para sobrevivir hizo necesaria la elaboración de ciertas normas que facilitaran esa convivencia grupal. Cada grupo establecía sus propias normas; por esta razón, cuando hablamos de Derecho debemos tener presente esta circunstancia.

El Derecho desde sus orígenes fue concebido para regular, para hacer más fácil la convivencia de las personas a quienes se destinaban estas normas; fue concebido para impedir que la ley del más fuerte se impusiera sobre las demás personas; fue concebido para garantizar la igualdad, la igualdad de todos los componentes de un grupo. A partir de este criterio el Derecho fue evolucionando en la medida que evolucionaba la sociedad a la que servía de utilidad.

Si el Derecho desde sus orígenes no ha servido para garantizar esa igualdad, ese equilibrio de fuerzas, y según veremos en el sucesivo desarrollo, no se debió tanto al Derecho mismo sino al concepto que mereciesen determinadas personas — en relación con su libertad y auto capacidad— dentro del mismo grupo. Así, veremos que los distintos Derechos no siempre se aplicaban en condiciones de igualdad para todos. En definitiva, unas personas siempre fueron "más iguales" que otras, entendiendo esta expresión (paradójicamente) como "más favorecidas" en la medida que eran más libres o suficientes, y que un "grupo" creyera que lo eran más.

Es imposible comprender la Historia del Derecho sin aproximarnos a los conceptos de los elementos y factores que lo hicieron. Siguiendo al *Profesor Pérez-Prendes*, podríamos establecer el concepto de Pueblo (o etnia), cómo se precipitan estos pueblos a su integración en **naciones** y, cómo éstas a su vez se integran en **Estados** —como hoy los conocemos— con un Derecho más o menos común.

Un **pueblo** o etnia es una unidad de agrupación humana con un sistema cultural propio que se conserva en sucesivas generaciones por descendencia común. En un pueblo concurren:

- o Una **cultura** — Elemento de base y origen que representa el conjunto de tradiciones y conocimiento de este grupo.
- o Una **personalidad** — Elemento psicológico distintivo respecto a otros grupos.
- o Una **patria** — Elemento geográfico entendido como conjunto de lugares geográficos afines.
- o **Factores económicos** — Factores de mercado.

Para que **los pueblos** (en plural) se integren en una **nación**, es preciso que todos estos factores que concurren en la noción de pueblo presenten, en todos los pueblos que integrarán una futura nación una tendencia a lanzarse a un **objetivo común**. Sin que ello equivalga a uniformidad. Esta tendencia introducirá cierta homogeneización —cierto grado de aproximación y armonización progresiva— en una "conciencia común de participación en ese objetivo" que tomará cuerpo en un sentido de *autoafirmación* respecto a otros pueblos ajenos a esa conciencia: comunidades extranjeras.

Según se produzca el grado de integración, el grado de adhesión de todos estos factores y elementos en el ensamblaje de estos pueblos en una nación, la nación padecerá o no movimientos separatistas. Esto sucede cuando se presenta aislado alguno de estos elementos parciales como "apto por sí mismo" para constituir una nación diferente. Estos elementos desvinculados del proceso general de integración en una nación son los que **Jellinek** denomina como *"fragmentos de Estado"* (aunque en realidad se refiere a Nación, pero ha equiparado ambos términos).

Sería muy difícil explicar los matices diferenciadores entre los términos: Pueblo, Nación y Estado. Conceptos, todos ellos, tan vinculados entre sí que pese a no ser exactamente lo mismo se han identificado en muchas ocasiones por muchos autores contribuyendo aún más a la confusión que, dada su vinculación, pueden producir.

Con la única intención de explicar el sentido preciso de cada término, designaré como **etnias** a aquellos pueblos que en su momento se integraron en una nación. Esa integración de varias etnias o pueblos se tradujo en un solo **pueblo**. Así, pueblo equivale a nación. De esta forma la **nación** es el resultado de una **comunidad cultural** (que actúa sobre la lengua, religión, historia y tradiciones), **territorial**, **psicológica** y **económica**, que *permanece presentando todos esos elementos conjuntos.*

La identificación **pueblo = nación** se manipula con posterioridad a la Revolución francesa por el **"liberalismo doctrinario"** que se adueña de un concepto de Nación entendida como *"conjunto de propietarios"* y que, al referirse a la *soberanía nacional* excluía a la mayor parte del pueblo que al no poseer bienes ni riquezas que defender, habría de entenderse como la suma de personas.

Esta manipulación demagógica divorció ambos conceptos que, con el advenimiento de la democracia y consecuente *sufragio universal* (derecho a voto de todas las personas mayores de edad) parecen, de nuevo, reconciliados y equivalentes.

Al igual que la palabra *nación*, la palabra **patria** fue utilizada con idéntica manipulación. Ambas tienen un significado universal de todos por igual y para todas las personas, y no obstante, fueron utilizadas para proclamarse como *"nacionales y patriotas"* grupos que, de ninguna manera permitían la generalización de su alcance.

En definitiva, tras la manipulación aludida, el *concepto de pueblo* queda restringido equiparándose a **población** —o número de personas— lo que se recoge a lo largo de nuestro Constitucionalismo Histórico Español desde sus inicios. A pesar de que en Francia se había reparado la diferenciación entre pueblo y nación en las Constituciones de 1793 y 1795.

Nuestra Constitución de 1812 «La Gaditana» (también conocida como "La Pepa") define la nación como: *"la reunión de todos los españoles".*

Para el Derecho Político moderno: pueblo no significa población. Significa, evidentemente: **nación**. Pueblo es un concepto estrechamente relacionado con el poder o contra el poder. Es el *requisito previo del Estado*: es el conjunto de personas físicas que goza de una ordenación que no se impone ni estructura desde el exterior.

El **Estado** es el revestimiento jurídico-político que se concibe, en cada momento histórico, para asegurar y garantizar la existencia y perdurabilidad de una nación.

Para que exista un Estado tienen que concurrir tres elementos: Pueblo, Gobierno y territorio. Si falta uno de ellos no se podrá hablar propiamente de un Estado.

EL CASO ESPAÑOL – DERECHO ESPAÑOL

La peculiaridad más significativa del Derecho Español es su pluralidad. Siguiendo al **Prof. García Gallo** *«Aunque en España ha existido un Derecho desde hace medio millón de años, en el estado actual de nuestros conocimientos sólo podemos caracterizarlo con cierta precisión en los últimos veintidós siglos. De tiempos anteriores únicamente podemos llegar a conocer algunos de sus rasgos más generales de la cultura, que permiten inducir cuál ha debido ser su sistema jurídico».*

I – LOS MÁS ANTIGUOS ESPAÑOLES

Se sabe que en España había pobladores desde hace 500.000 años. De ellos no disponemos de datos fidedignos acerca de su procedencia y no debían sumar muchos millares. Mucho después, aproximadamente en el año 100.000 a.C. llegaron nuevas gentes —raza del *Neanderthal*— que se extendieron por toda la península alcanzando una población de unas 50.000 personas. Su forma de vida era muy rudimentaria, impregnada de un fuerte sentimiento religioso que al final se tradujo en *magias* y *totemismo*.

El, llamémosle, Derecho de estos pueblos tenía su origen en la divinidad o en un hombre —hechicero o mago— a quien guiaba la divinidad. Las ideas y las normas estaban íntimamente relacionadas con la religión y se limitaban a regular un número muy reducido de situaciones.

Entre los años 30.000 al 25.000 a.C., llegaron nuevos pobladores con aspecto físico más parecido al actual: los pueblos cazadores. Se extendieron por toda la península. Los antiguos pobladores se extinguieron o fueron absorbidos. La caza era su soporte vital y el condicionante de su cultura que, al no ser uniforme, dio origen a distintas áreas culturales en España.

Se produjeron dos cambios radicales de clima entre los años 14.000 con frío intenso y 5.000 a.C. con calor —que llegó a producir entre otras cosas la desecación del Sáhara— y estos cambios volvieron a dar lugar a movimientos migratorios.

En el norte de España se inició con el primer cambio de clima la cultura *magdaleniense* —por la recepción de pueblos de origen esquimal— y, en el segundo cambio de clima se introdujeron en España por el sur los *gravetienses* y *capsienses,* de cultura más avanzada; el trabajo se desarrollaba en grupos, ocupándose las mujeres de la recolección, selección de plantas y aprovechamiento del trigo mientras los hombres se ocupaban de la caza.

Los *capsienses* utilizaron la miel y domesticaron al perro.

La ordenación de estos pueblos estaba dominada por la religión. Utilizaban la magia para dominar las fuerzas ocultas de la Naturaleza. Pensando en una vida más allá, los muertos eran enterrados junto a objetos personales.

Al requerir la cooperación de todo el conjunto en la realización de las actividades se determinó la cohesión y solidaridad aunque ya se comenzaron a apuntar signos *diferenciadores* respecto a la asignación de funciones a unos y a otros y en el uso de distintivos según la función que se ocupara dentro del grupo.

La **cultura matriarcal** comienza hacia el año 4.000 a.C. (Neolítico) una nueva forma de vida debida a la mezcla e influencia de culturas de nuevos pobladores de España con los ya existentes. La actividad de la mujer en el cultivo de la tierra y la importancia que tuvieron tanto la tierra como su cultivo para la vida de la comunidad fue decisiva en todos los órdenes. Las poblaciones se hicieron sedentarias y la mujer se convirtió no sólo en la dueña de la tierra sino en el centro de la vida familiar. En consecuencia, la filiación y el parentesco se referían a la madre; no obstante, la mujer dentro de la familia o grupo social era considerada como un miembro más, aunque dotada de gran influencia.

La religión —y en consecuencia el Derecho— estaba influida por la significación mujer-tierra. Se adoraba a la Luna (divinidad femenina) y a la madre tierra; ocupándose las mujeres de las cuestiones sacerdotales con mucha frecuencia.

Con la cultura pastoril se instaura el **régimen del patriarcado**, prevaleciendo esta cultura sobre la agrícola. La organización de la familia, sin embargo, descansaba en el derecho materno. En la religión se combinaron los elementos masculino y femenino.

II – LA ESPAÑA PRERROMANA

Entre los años 1.000 al 200 a.C. se produjeron nuevos cambios en el panorama jurídico y cultural de España por el establecimiento de nuevos pueblos que se asentaron junto a los anteriores o se fundieron con ellos.

La **invasión Celta** se produjo en oleadas sucesivas durante más de 700 años a través de los Pirineos. De temperamento guerrero, consiguieron vencer y dominar a los pueblos que entonces ocupaban el país o rechazarlos a zonas inaccesibles. Los celtas presentaban afinidad racial. En todas partes, incluso donde su presencia era limitada, sus formas de vida influyeron poderosamente en la del país, siendo su lengua la dominante o la que influyó en las demás.

su reconocimiento posterior produjo una fuerte alteración en el derecho clásico que, sólo refiriéndose al hecho de pasar de una religión politeísta a una monoteísta, habría de suprimir una importante área del derecho; y por último la desaparición de los grandes juristas y la elaboración popular del Derecho Romano como factor determinante de la *vulgarización* antes aludida.

No es posible (ni está dentro del objetivo) hacer una síntesis de un Derecho vivo, pues sólo en España perduró ocho siglos y era bastante anterior pero, siempre refiriéndonos al marco del Derecho Romano-Español, su importancia es tal que, sin duda puede afirmarse que el Derecho Romano —aun con todas las modificaciones y adaptaciones producidas— **continúa vigente en España**.

Para cualquier persona que haya estudiado el Derecho Romano habrá sido motivo de extrañeza y admiración la comprobación de que muchas de sus instituciones, a pesar de la evolución histórica producida en más de 2.000 años, a pesar de las profundas diferencias existentes entre una sociedad de hace dos mil años y la actual, **siguen teniendo valor y actualidad**. Indiscutiblemente, ha habido muchas modificaciones pero la técnica, la base estructural del Derecho es la más monumental creación jurídica conocida. Baste pensar en las hondas diferencias que existen en una familia actual con respecto a una familia romana de la época de su plena vigencia. La situación de los hijos —no emancipados— es profundamente distinta a la nuestra en la actualidad. Sólo fue preciso ir adaptando a las nuevas exigencias actuales y posiblemente futuras, los aspectos que en un momento dado carecían de aplicabilidad y, pese a ello, la **estructura y el régimen de la familia**, siguen siendo válidas.

Más esclarecedora es aún la situación de la **herencia**; es una obra maestra de equilibrio entre las personas que heredaban. Si un hijo —sometido a la familia— trabajaba, los frutos de su trabajo se destinaban al "paterfamilias", si uno de sus hermanos se había emancipado y ganaba dinero para sí, o bien, había recibido una cantidad de sus padres antes de la distribución de la herencia, debían sumarse los bienes adquiridos por el hijo emancipado —ya que los no emancipados habrían ingresado en el patrimonio familiar los bienes de su trabajo que, lógicamente, estaban ya incluidos en la herencia— y también las cantidades recibidas. Sumadas éstas, el patrimonio a heredar se repartía en las partes que correspondieran.

Evidentemente, también hubo que hacer algunas correcciones respecto a la mujer que (como venía siendo habitual) estaba considerada a niveles de oligofrenia, o con una capacidad mental y responsabilidad similar a la de un tierno infante; y también debió corregirse porque al abolirse la esclavitud era imposible "heredar un esclavo". Sin embargo, la perfección estructural de todas las bases de este derecho permitió su integración permanente en un ordenamiento. Es decir: la

Las colonizaciones **fenicias** y **griegas** se iniciaron por el este y sur de la Península. Estos pueblos poseían un avanzado grado de cultura, por lo que no cabe la calificación de primitivos y ésta es la razón de su denominación como *"prerromanos".*

Los **Íberos** ocupaban la zona del sur y del levante de la Península antes de la llegada de las colonias fenicias, griegas y cartaginenses. De más avanzadas estructuras políticas que los Celtas, influyeron en la homogeneización de las normas jurídicas en el territorio que ocuparon.

La creación del Derecho en la España prerromana se basaba en la costumbre, aunque no era general: derecho consuetudinario (o basado en la costumbre).

Los **Derechos Celtas**: cada *gentilitas* (sub-tribu) tenía su propio Derecho, distinto de otras gentilitas de la misma etnia. Estos ordenamientos, al ser distintos, precisaron sistemas de armonización, en ocasiones se establecían *"Tratados de Hospitalidad".*

En general el derecho de todos estos pueblos es el privilegio de los ciudadanos o miembros del grupo.

Derecho recibido:
- o **Leyes Tartesias** — que se estiman en 6.000 años de antigüedad.
- o **Edicto Público Saguntino** – de la época del sitio de Sagunto por Anibal.

III — LA ESPAÑA ROMANA

El **Derecho Romano** penetra en España hacia el siglo III a.C., hasta aproximadamente el siglo V d.C.

La dominación Romana hizo que el Derecho Romano se fuera extendiendo, divulgando, a los países invadidos por el Imperio. Los primitivos pobladores reciben este derecho que sufrirá modificaciones para poder adaptarse a las nuevas condiciones sociales y económicas. Por esta razón, la "romanización" es la *vulgarización* del Derecho Romano divulgado por sus tropas.

La desfiguración del Derecho Romano originario no sólo obedeció a su necesaria adaptación a los países que ocupaban o conquistaban, confluyeron también a su modificación: las influencias que el Derecho Romano iba acusando procedentes del derecho de los pueblos germánicos debido a la infiltración constante de estos pueblos en Roma; la progresiva implantación del Cristianismo, y habitabilidad de un edificio declarado en ruinas es peligrosa, si se quiere habitar y su construcción —como sucede con el Derecho Romano— es firme y buena, las reformas permitirán hacer frente al paso del tiempo. En definitiva, el Derecho Romano no sólo es sólido sino que además es tan flexible que aún se puede utilizar después de diversas reformas más de **¡veintitrés siglos después!**

Volviendo a la reseña histórica. Hasta la *Constitución Antoniana*, el Derecho Romano tenía tres categorías jurídicas diferentes según los destinatarios del mismo fueran ciudadanos romanos, latinos o peregrinos; y estos últimos además, según fueran aliados o rendidos del o al Imperio, respectivamente. Esto significa que según la situación de las personas se aplicaban unas normas u otras.

1 – **Derecho Romano** — Propiamente dicho, sólo era aplicable a ciudadanos romanos. Era el Derecho Civil de los romanos, o conjunto de normas jurídicas propias y específicas de un determinado Estado-Ciudad: Roma. Naturalmente este Derecho sufrió los cambios, o mejor: adaptaciones necesarias para su aplicabilidad. Aunque en principio sólo fue aplicado para los ciudadanos romanos, según se iba "adquiriendo" la ciudadanía romana —privilegiada— se fue extendiendo su aplicación hasta que **Caracala** en el año 212 concedió la *ciudadanía romana* a todos los habitantes del Imperio.

2 – **Ius Provinciales** — Es el derecho de las relaciones de tipo público entre Roma y las ciudades y súbditos provinciales. En el caso de España la Ley contenía las atribuciones del magistrado encargado del gobierno de la provincia, situación de las localidades comprendidas, etc., y fue objeto de varias revisiones posteriores.

3 – **Ius Gentium** — Derecho de las relaciones jurídico-privadas entre ciudadanos romanos y peregrinos de distintas ciudades bajo el poder de Roma en lo que no tuviesen acceso al Derecho Romano. Estas normas —antes de **Caracala**— se aplicaban a todos los pueblos nacidos en todos los ordenamientos jurídicos y también las normas relativas a las relaciones internacionales.

FUENTES DEL DERECHO HISPANORROMANO:

- **Leges datae et dictae** — Leyes de colonias y municipios (Urso, Malaca);
- **Senadoconsultos** — Fragmentos de Elche y de Itálica;
- **Disposiciones Imperiales** — Organización municipal, filiación natural, posesión, urbanismo; Bronce de Belo.
- **Disposiciones de los magistrados** — *Dispositivas*: para crear un negocio jurídico.
- **Documentos** — Públicos y privados, así:
  - *Probatorias* — Dan fe de su realización

o **Privados** — Requieren su inscripción en Registro para dar fe de su existencia.

La Romanización Jurídica de España tiene lugar en los años 74 a 250 d.C. Con la concesión de la "latinidad" de **Vespasiano** a toda la población española, se comenzaron a regir legalmente por el Derecho Romano en todo lo referente al *"Ius Commercium"* (Derecho de Comercio) manteniendo sus propias costumbres en cuanto a relaciones familiares. Sin embargo, la organización de las ciudades se estructuró siguiendo pautas parecidas a las colonias de ciudadanos.

Sin embargo, la organización de las ciudades se estructuró siguiendo pautas parecidas a las colonias de ciudadanos. Este *"Ius Latii"* (Derecho a la latinidad o condición de latino) era la vía de acceso a la ciudadanía que empleaban las personas destacadas.

Así como en oriente, el Derecho Romano se seguía estudiando con un espíritu de superación, en occidente se tendió a la simplificación redactándose "interpretaciones" de los textos de Gayo, Paulo, Ulpiano, etc., para facilitar su comprensión, lo que se tradujo a la menor calidad (vulgarización) pero a mayor eficacia práctica, quedando así consolidada la romanización jurídica en España. No obstante, existían ciertas zonas rurales a las que no llegó el influjo de estas obras, siendo así "la ley": la voluntad —presumiblemente arbitraria— de los potentados de la zona, lo que dio lugar a la barbarización del derecho y junto a nuevas prácticas, emergieron de nuevo viejas costumbres indígenas todavía no olvidadas.

El Cristianismo fue reconocido como "religión oficial" a partir del s.IV propagándose por zonas rurales. Aunque los juristas postclásicos ya habían recogido algunos —no todos— de sus preceptos, la cristianización del Derecho Romano se operó a través de la propia Iglesia imponiendo a sus fieles la acomodación de sus actos a los preceptos de la religión; obediencia a las autoridades; trato humano a los esclavos; indisolubilidad de los matrimonios; prohibición de abandonar a los hijos; cumplimiento de contratos, etcétera. Por ello, pese a su no inclusión en textos legales, sus normas fueron de *aplicación diaria* e influyeron necesariamente.

IV – LA ESPAÑA VISIGÓTICA

Nos encontramos ante uno de los sistemas jurídicos más originales y que mayor huella han dejado en nuestro Derecho. La invasión de los pueblos germánicos en España se inicia en el siglo V hasta el siglo VII. Entre los años 409 a 476 los pueblos germanos (bárbaros: entendidos como extraños al Imperio Romano) se extendieron por occidente invadiendo —entre otros territorios— España. A diferencia de la invasión romana, no se trataba de una invasión militar sino de pueblos enteros con sus propios reyes y órganos de gobierno. De éstos, sólo los Suevos y Visigodos se asentaron en España. Esto produjo la doble vigencia de dos Derechos, el *Germánico* para los visigodos y el *Codex Theodosianus* (438) y *Las Novellæ* para los hispanorromanos.

Cuando se desploma el Imperio romano en occidente en 476 la gobernabilidad fue deteriorándose; momento que desde Tolosa (actualmente Touloux – Francia), aprovechó **Eurico**, Rey Visigodo, para imponer su autoridad a los españoles sobre los territorios no ocupados por los suevos. Los reyes suevos, por su lado, tomaron Galicia, Portugal y Extremadura iniciándose una lucha por el poder con el que se alzó **Leovigildo** anexionando los territorios suevos al Reino Visigodo.

Y las invasiones en España aún no habían hecho más que comenzar. Se introdujeron por el sur de la Península **tropas bizantinas** que consiguieron mantenerse en el territorio durante casi medio siglo.

Una característica de esta dominación es que no existió un sometimiento invasor por razones obvias dado su número de personas que sólo alcanzaba el 2% respecto a la población española. Desde el primer momento fue común la participación y convivencia armónica de ambos pueblos. La vida no se interrumpió y funcionó en todos los órdenes: cultural, económico y social. Por su parte, la cultura romana española absorbió nuevos elementos visigodos y suevos, sin que éstos lograsen desplazar a la existente, dado su primitivismo respecto a la cultura romana, hasta el punto de adoptar el latín perdiéndose sus lenguas suevas y godas.

La política jurídica de los visigodos tendió a la fijación de un Derecho que rigiese en todo el Reino. Mediante leyes consiguieron la fijación pero no lograron la vigencia general pues la población se regía a la vez por "algún" Derecho secular y por el Canónico, eso sin contar que en el norte de España se regían por un Derecho propio.

El Derecho Romano continuó siendo utilizado en las escuelas y en la práctica de los tribunales, al menos hasta principios del siglo VI. Por otro lado, las regiones ocupadas por el Emperador **Justiniano** al sur de la Península e incorporadas al Imperio de Bizancio impone el Derecho Romano en versión *Justinianea*, distinto —en parte— al Derecho **Teodosiano** conocido. El Derecho Germánico que también se conservó algún tiempo entre los pueblos germanos resultaba, por comparación, arcaico y simple.

La convivencia obligó a la fusión de ambos Derechos. Así y para evitar la colisión entre algunas leyes, los reyes visigodos legislaban su contenido por sí mismos.

El Código de Eurico (466/484) — El rey Eurico, para resolver todo el problema en su conjunto, dicta para todo el Reino un Código que fundía el Derecho Romano vulgar con costumbres visigodas, intentando conciliar los intereses de ambos pueblos.

El Breviario de Alarico (484/507) — Alarico promulgó un nuevo Código que consistía en una selección de leyes y escritos de los juristas romanos con una interpretación. No funcionó pues no gustaba a nadie.

Leovigildo — Restablece la vigencia del Código de Eurico actualizándolo e incorporando en él un sentido más romanizado.

El Liber Judiciciorum (o **Lex Romana Visigothorum**). Obra del empeño de los sucesivos reyes visigodos para hacer un derecho más racional y justo.

La importancia que a raíz de la invasión musulmana tendrá este último instrumento legal se puede resumir así. El obligado repliegue a la zona del norte de España de los visigodos pone en contacto este cuerpo legal con pobladores que ni habían recibido totalmente el Derecho Romano ni se habían sometido de forma efectiva a los visigodos. En opinión del *Prof. Alfonso García Gallo*, no fue el Liber Judiciorum el que se extendió por toda la Península a media que los territorios fueron reconquistados, si bien otros autores discrepan. El que se extendió fue el derecho arcaico de los primitivos pobladores y que venía formándose durante siglos en aquellas zonas poco romanizadas. Ese Derecho (de raíz celta) más próximo al derecho visigótico que al romano (aunque más civilizado) fue en parte influido por el Liber Judiciorum y en parte, debido a las situaciones nuevas que debió regular se desarrolló pujante sustituyendo durante siglos al derecho romano cuyo área de influencia se encontraba bajo territorios dominados por los árabes.

Ante las constantes acusaciones proferidas contra los visigodos en relación a su pésima organización, dada la rapidez con la que se produjo la invasión árabe y el obligatorio repliegue hacia el norte, existen profundas discrepancias. La más radical apunta exactamente lo contrario. No sólo estaban bien organizados sino que su organización era tan perfecta que de un solo golpe, y certero, se pudo derrumbar toda la organización, lo que motivó la huída.

La estrategia árabe para propiciar una invasión sin dificultades se llevó a cabo atacando la cúspide del poder e imposibilitando la organización de toda resistencia. Y así fue. De existir mala organización era poco probable acertar exactamente el punto a atacar y esto suponiendo que no se encontrase disperso. Por esta razón es preciso rectificar una opinión que no por estar más extendida es menos injusta.

V – EL DERECHO ESPAÑOL DURANTE LA RECONQUISTA – Sistema Jurídico Altomedieval.

Hacia el año 800 se inician reacciones para superar la situación creada por la conquista musulmana. Desde el Reino de Asturias, **Alfonso I** aunó los territorios de Galicia y Cordillera Cantábrica hasta Vascongadas procediendo a la reorganización interior. La reconquista se inicia repoblando las tierras deshabitadas estableciendo la Corte en León.

El territorio que hacía de frontera era llamado "**extremadura**" y por eso se dice: extremadura leonesa, extremadura castellana sin que ello tenga relación alguna con la Extremadura que hoy conocemos donde probablemente se sufriera la devastación que implicaba hasta la reconquista del sur durante mucho tiempo. La tal devastación se usaba para poder visualizar bien al enemigo al otro lado de forma que quedaran bien separadas la España árabe de la España cristiana.

El derecho de la España de la Reconquista fue el resultante de la fusión de distintos sistemas jurídicos y de su acomodación a las nuevas situaciones surgidas por el evento.

EL SISTEMA JURÍDICO ALTOMEDIEVAL

Esta titulación agrupa la mayor serie de problemas, enigmas y cuestiones discutidas que encierra la Historia de nuestro Derecho. Su ámbito cronológico se sitúa entre el siglo VIII hasta el XII o XIII y se desarrolla sobre los estados musulmanes conquistados. Este derecho no era del todo germánico que, como sabemos, también estaba "romanizado".

La creación y fijación del Derecho Altomedieval tiene como fin mantener la paz de la comunidad que rige. Es un derecho básicamente consuetudinario (o basado en la costumbre) por lo que no aparece formulado por escrito, basándose su fuerza obligatoria en el consenso y voluntad de sus súbditos. En esta época y en consecuencia con todo lo anterior, el papel de los jueces era predominante a causa de la carencia de leyes con valor territorial.

El sistema de Fuentes de este Derecho tiene la siguiente prelación:

1ª – **La costumbre** — Al no tratarse de una norma fija, se desarrolló la práctica de solicitar que las costumbres que regían la vida de una comunidad local o territorial recibieran la confirmación o reconocimiento de los monarcas.

2ª – **Leyes y normas administrativas** — Como ley de vigencia general, teniendo en cuenta las consideraciones apuntadas al hablar de "repliegue" al norte de España, subsiste en su versión *vulgata* el **Liber Judiciorum** (Juicio del Libro). De forma vacilante y a partir del siglo XI comienza a apreciarse el desarrollo de una legislación general.

Las disposiciones dictadas por el monarca en presencia de la curia regia son los primeros textos legislativos vigentes para todo el territorio. Estos textos fueron denominados según el territorio: **Decreto** o **Fuero** (León y Castilla), **Usatici** (Cataluña), **Iuditia** (Aragón).

Las ordenanzas gubernativas se redactaban y promulgaban para dar instrucciones a funcionarios. Muchas de éstas (relativas a la repoblación, exenciones) han sido extraordinariamente importantes.

También redactaban normas que acababan por englobarse en el conjunto de costumbres de una localidad: los funcionarios administrativos, condes, señores y concejos.

3ª **Las sentencias judiciales** (*fazañas* o *juditia*) — Pone en juego una institución conocida como "Juicio de Albedrío", esto es: los jueces podrían resolver según su voluntad. Algunas sentencias eran tan arbitrarias que se llamaron *desaguisadas*. El rey fue poco a poco recabando la facultad de juzgar de esta formal. Esta institución tiene origen germánico que en su versión genuina los juicios tienen su origen en una asamblea y ésta aprobará las decisiones por sentencia que pasará a convertirse en costumbre por gozar del asentimiento de la comunidad. Más tarde esta facultad pasará a los jueces.

El Derecho Altomedieval debió desarrollarse atendiendo a situaciones especiales lo que provocó dos tipos de normas diferentes:

El Derecho Privilegiado, en un doble aspecto: local y personal. El Derecho Privilegiado Local contenía todo el derecho necesario para la vida de la comunidad. Su manifestación eran las *"Cartas Pueblas"* establecidas por el Rey o Señor de un lugar en la que se concedían beneficios para pobladores de sus territorios que, según iban reconquistando, era necesario ocupar; y en ellas se establecían las condiciones de la relación que se creaba entre los pobladores y el otorgante de la Carta Puebla.

Otra de las manifestaciones eran los "Privilegios locales de contenido concreto" aunque muy variado, son igualmente concesiones del Rey o Señor de carácter puntual: exención de cargas, concesión de diversas facultades, mercados, inmunidad, etc., que también afectaba al derecho penal, privado y procesal.

La tercera manifestación del Derecho Privilegiado Local son los *"Fueros municipales y costumbres"* siendo éstos el conjunto de normas jurídicas que regulan la vida local, cargas y derechos de los vecinos y moradores, recogidos en una redacción o texto único, dado, o bien confirmado por carta del Rey o del Señor.

El otro aspecto del Derecho Privilegiado tenía carácter personal: era pues, un derecho privilegiado de *"Clase"*.

Otro tipo de norma que caracteriza al Derecho Altomedieval es el "Derecho o Norma con vocación Territorial" que intentará corregir la disparidad creada por el Derecho Privilegiado, sustituyéndola por una ordenación sistemática y homogénea en un solo sistema jurídico. Este objetivo aún no se ha conseguido y menos aún en la actual Constitución Española con el reconocimiento normativo a las Autonomías.

COEXISTENCIA DE OTROS DERECHOS

VI - EL SISTEMA JURÍDICO MUSULMÁN — La invasión árabe produce una convulsión en España. Tiene lugar entre los años 711 a 1492.

La influencia islámica tuvo mayor fuerza en su cultura que en su derecho. El mayor mérito de la cultura islámica consistió en fundir en una síntesis gigantesca las diversas culturas de los países que habían dominado y extender este complejo cultural de unos a otros. Ahora bien, tampoco crearon nada. La España musulmana se apartó de su tradición para incorporarse culturalmente al mundo islámico.

El Derecho Islámico estaba profundamente inspirado por su religión. Los *alfaquíes* (juristas) intentaron sistematizar los principios y normas enseñados por Mahoma surgiendo así la Ciencia del Derecho Musulmán (Fiqh) pero, al surgir como parte de la Teología, se autocondenó a la cristalización sin poder evolucionar.

Las evidentes diferencias de base en el aspecto religioso hicieron que este Derecho no tuviera apenas influencia en el Derecho Español.

Como singularidad para la época de la que estamos hablando es que en el Derecho Musulmán existiera un precedente en versión musulmana de lo que hoy conocemos como *Defensor del Pueblo*.

VII – EL SISTEMA JURÍDICO HEBREO o SEFARDÍ

Coexistiendo con el anterior, la comunidad judía se regía por sus propias leyes. Sí existen huellas magníficas de su cultura y civilización. Por razones muy parecidas a lo que sucedía con el Derecho Musulmán, no hay influencia alguna en nuestro Derecho.

La Religión Hebrea regula prácticamente todas las relaciones de convivencia imaginables; desde los aspectos más espirituales hasta las normas de convivencia e incluso cuestiones domésticas.

La prohibición de comer carne de cerdo es una norma religiosa, también el cómo sacrificar a los animales, cómo deben comer, vestir, etcétera.

No obstante a lo anterior, es una religión mucho más abierta que la musulmana y las regulaciones sociales se configuran más como una ley de necesidad que como ley Divina en sí misma.

VIII – EL DERECHO CANÓNICO

La invasión musulmana motivó una severa crisis en el Derecho Canónico. Al igual que el Derecho Romano y dentro del área musulmana, se vio desprovisto del rigor y disciplina e impulso del que había gozado en la época visigoda al carecer de una orientación unitaria. Si para el Derecho Romano, a falta de cultivadores significó el olvido, los obispos se esforzaron por cristianizar la vida en todas sus manifestaciones, reprimiendo todo aquello que iba en contra de la doctrina de la Iglesia.

IX – EL DERECHO GITANO

Así como se habían recibido numerosos pueblos antaño, la llegada del pueblo gitano a España contó con muy poca aceptación casi desde sus comienzos. Llegan en un momento en el que ya se habían otorgado todos los privilegios a repobladores que se mostrarían reticentes al reparto y jamás se menciona su peculiar Derecho en ningún texto de Historia lo que también obedece a otras causas y entre otras, el *intento de genocidio* contra este pueblo. Ellos también fueron un pueblo que llegó a este país, de hecho se mantienen y merecen un análisis algo más pormenorizado.

Para poder profundizar la existencia o no existencia de un Derecho Gitano, es imprescindible hacer una precisa aclaración de todos sus precedentes y definir si realmente existió un tal Derecho.

A falta de una sistematización y fijación escrita, los datos que se obtienen proceden de la llamada *"Ley Gitana"* y cuyos datos proceden de diversas obras de los estudiosos (gitanólogos) y que permiten colegir lo siguiente:

A diferencia del Derecho Musulmán o del Derecho Sefardí, el Derecho Gitano carece de los elementos religiosos que impregnan toda la vida jurídica de los anteriores. La consecuencia inmediata de los derechos que descansan y se nutren en una Religión es su condena a la petrificación debido a que el componente dogmático de todo Credo se caracteriza por la inmutabilidad. En esta situación su impermeabilidad o incapacidad de evolución, conforme a las necesidades —en continuo desarrollo— de una sociedad dada, obligará a los destinatarios de estos derechos a tomar posturas concretas y en ningún caso saludables: o bien prescinden de ciertas normas para adaptarse a las necesidades del mundo actual con las consecuencias psicológicas —y graves— de situarse fuera cuando no en contra de los mandatos divinos, o bien asumen esas normas plenamente con la no menos dañina consecuencia de involucionar hacia unas formas de vida que tienen poco acomodo en nuestros días acusando un cierto fanatismo y reafirmación en muchas de sus creencias.

Un ejemplo del primer caso lo tenemos en el Estado de Israel. Los judíos ortodoxos no aceptan el Estado en el aspecto religioso, en tanto siguen esperando al Mesías. En el segundo caso podemos citar el caso de Irán.

La regulación de los mencionados derechos, Musulmán y Sefardí, no es exactamente igual. Si en el Derecho Musulmán se puede hablar de una Ciencia del Derecho (Fiqh) sea o no pétrea, es un tanto aventurado —lo que supone ciertas ventajas— decir lo mismo respecto al Derecho Hebreo. En el primer caso la regulación de la vida jurídica es bastante completa. Al hilo de lo anterior supone una posibilidad muy remota de sufrir adaptaciones o cambios en el sistema.

El Derecho Hebreo, si bien rige situaciones religiosas relacionadas hasta con cuestiones domésticas, como tal Derecho es incompleto. Por esta razón, salvo en aquellas normas específicamente informadas por la religión, sin olvidar por completo la Ley Divina —que sigue latente—, permite una mayor flexibilidad social en los aspectos *no necesariamente vinculantes*, lo que ha permitido al pueblo judío una mejor aproximación a la realidad cambiante de nuestros días.

El problema del Derecho Gitano — Teóricamente la Ley Gitana carece de las dos causas fundamentales obstaculizadoras de la evolución dinámica del Derecho para adaptarse en todo momento a las exigencias de la sociedad a la que rige, como son: religión y fijación de las normas por escrito.

¿Dónde hay que buscar la razón por la cual la Ley Gitana se encuentra en una situación tan primitiva que a los ojos de cualquier sociedad moderna tiene zonas que se pueden calificar próximas a la barbarie?

Llegados a este punto, es preciso definir el Derecho Gitano para analizar las causas de su estancamiento y buscar soluciones que o bien permitan su urgente actualización o bien sean estas soluciones tan idóneas que no proceda otra cosa que su mención histórica.

Estamos ante un Derecho incompleto, laico, consuetudinario y de transmisión oral generación tras generación.[1]

X – SISTEMA JURÍDICO DE LA RECEPCIÓN DEL DERECHO COMÚN

También denominado Derecho Renacentista. El Derecho Común se conoce como el resultado del cruce del Derecho Romano, el Derecho Canónico y el Feudal. Si bien estos elementos no se funden sí se estudian conjuntamente. Este Derecho se implanta paulatinamente en los territorios desde los siglos XII o XIII hasta finales del XVIII o comienzos del XIX.

Los textos básicos del Derecho Común se pueden dividir en cuatro grupos: Derecho Romano, Derecho Canónico, Derecho Feudal y Derecho Marítimo.

En lo que se refiere al Derecho Romano se produce el redescubrimiento de los textos justinianeos reviviendo los estudios romanísticos. Los libros de Tubinga y de Asburnham se refundieron en una obra posterior: *Petri Exceptiones Legum Romanorum* (Leyes Romanas extractadas por Pedro) inspirada en el Código de Justiniano. Otro texto: *Lo Codi*, contiene una crítica del Derecho Justinianeo si bien, aunque se desconoce el autor, parece haber sido redactada en Arlés hacia el 1149. La aparición de una copia del *Digesto* que pasó de Amalfi a Pisa y de Pisa a Florencia en 1409 hizo que se hiciera una recensión de él para uso en la Universidad de Bolonia con el nombre de *Littera Vulgata*. En lo que se refiere a Italia, especialmente en las escuelas de Derecho —Bolonia en particular—, se realizan obras extensas que conocemos como *Glosas* (comentarios) o *Summas* (exposiciones sistemáticas) dado que eran más fáciles de desarrollar en el entorno cultural de estas Escuelas.

---

[1] N. de la A.: Para ampliar la información, véase "La Ciudadanía Discriminada" —también se puede descargar gratuitamente desde la web: www.palomagonzalezloche.com

Los libros del Derecho Canónico son: *El Decreto de Graciano, El Liber Sextus, Las Constituciones Clementinas,* y *Las Extravagantes de Juan XXIII y Las Comunes.* El conjunto de todas estas piezas se conoce como el *Corpus Iuris Canonici.*

El Derecho Lombardo feudal se recoge en la obra *Libri Feudorum* —o *Consuetudines Feudorum*— y consistía en una compilación de diversos materiales jurídicos lombardos (germanos).

Para completar el cuadro del Derecho Común de la época es preciso mencionar el Derecho Mercantil Marítimo de entonces. En el área mediterránea se destaca: *Libro del Consulado del Mar, Ordenanzas de Consulados.* En el área franco germano hanseática destaca la colección *Roles d'Oleron* que consiste en la recopilación de sentencias dictadas por el tribunal marítimo de la isla; fue traducido a varios idiomas.

Después de una sucinta revisión del Derecho remoto, damos paso a la Constitución Española de 1978 que teóricamente debería servir de base para ejercer un mayor control al poder.

CONSTITUCIÓN ESPAÑOLA 1978
LA IMPORTANCIA DE LA CONSTITUCIÓN

La Constitución no es una ley de "quita y pon" según nos convenga. Es una ley pero no una ley cualquiera. Es la Ley Superior. Ninguna ley puede autorizar algo que la Constitución haya prohibido, tampoco podrá prohibir aquello que la Constitución permita, y la ley deberá obedecer todo lo que la Constitución haya ordenado.

La importancia de la Constitución es fácil de comprender ahora que sabemos su posición de superioridad en relación con las leyes. ¿Por qué? Porque nuestra vida, toda ella, está ordenada por leyes desde que nacemos hasta que morimos. Unas leyes prohíben ciertas cosas como robar, maltratar. Otras leyes obligan a que hagas otras como declarar impuestos, estudiar hasta un tiempo determinado. Otras te permiten hacer algo como fundar una asociación. En ocasiones son las mismas leyes las que prohíben, obligan o permiten. En otras son una especie de *hijos* de las leyes los que actúan, como los reglamentos, ordenanzas u otras normas.

En definitiva, todas nuestras relaciones están reguladas por leyes. Si estas leyes se encuentran sujetas a la Constitución, es decir: tienen que estar de acuerdo con la Constitución en todo, la Constitución es nuestra vida misma. Por eso debemos respetarla, por eso tiene una importancia tan enorme y por eso es absolutamente imprescindible que **sepamos** su significado y, sobre todo, que sepamos hasta qué punto tiene importancia en nuestras vidas.

Una verdadera Constitución, entendida como la *Superley de Leyes* en una sociedad y precisamente por eso, es la sociedad misma y viene a ser como un espejo que refleja fielmente la forma de vida de las personas que conforman tal sociedad. Si la forma de vida cambia, la Constitución podrá —y deberá— ir adaptándose a esos cambios, pero si la sociedad, si las personas que la integran sigue siendo la misma, la Constitución debería seguir siendo la misma.

EL LARGO CAMINO HASTA LA CONSTITUCIÓN DE 1978

La Constitución que ahora conocemos ha sido el resultado histórico de muchos acontecimientos. Demasiados acontecimientos y demasiadas Constituciones.

En efecto. Aunque en algunos casos se llamaban Constitución y en otros Estatuto o Leyes Fundamentales, si sumamos todas ellas nos encontramos con diez constituciones en poco más de un siglo y medio, es decir: una Constitución cada diecisiete años. Naturalmente, esto no ha sido así. Algunas de ellas estuvieron vigentes (perduraron) durante algún tiempo, pero otras vivieron muy pocos años y una de ellas, la *Nonata*, ni siquiera llegó a nacer.

Si la Constitución es tan importante ¿cómo es posible que se hayan producido tantos cambios, tantas Constituciones? ¿Cuánto sobrevivirá nuestra Constitución actual?

Tengo respuesta a la primera cuestión. La respuesta a la segunda dependerá de nosotros y especialmente de la clase política que nos gobierne según sea su grado de responsabilidad y acierto.

En mi opinión, durante el siglo y medio de nuestro constitucionalismo existieron muy pocas constituciones auténticas. Unas porque no reflejaban la realidad, otras porque sólo servían a algunas personas. En conclusión: salvo dos Constituciones, tres a lo sumo, el resto no tuvieron carácter de *Superley* y por ello o no se respetaban o bien el pueblo, la sociedad en su conjunto no sentía la Constitución como algo propio. Y con razón, salvo en los tres casos mencionados.

¿Por qué no funcionaron? Porque España durante un siglo y medio fue el escenario de un continuo ir y venir de poderes, lo que quiere decir: un país en que se dividían vencedores y vencidos. Según unos derribaban a otros y subían al poder "traían su Constitución bajo el brazo", la que más beneficiaba a sus intereses pero el pueblo, la sociedad que debería reflejarse en la Constitución no se parecía en absoluto a la realidad que la Constitución debería reflejar.

Las Constituciones sucesivas se realizaron siguiendo las ideas del "liberalismo doctrinario" y por eso nunca llegaron al pueblo. Al otro pueblo, a la mayoría.

Según este pensamiento sólo tenían derecho a participar, a votar, los propietarios de tierras, comercios, etc., y con el tiempo también se reconoció el derecho a los "capacitados" según sus estudios. Para esta ideología sólo los propietarios y capacitados tenían interés en las cuestiones que afectaban al país. El resto de la ciudadanía no podía tener derecho a voto porque no tenían nada que defender en primer lugar y porque su ignorancia no permitía que hicieran elecciones adecuadas en el segundo.

Es fácil de entender que estas personas —los propietarios y capacitados— que eran una minoría, no iban a facilitar mucho las cosas a la mayoría pobre y sin estudios, para que cambiaran su situación.

En este estado de cosas esa mayoría quedaba en una categoría casi de *esclavos avanzados,* aunque el término esclavo resulte un poco severo. No obstante, la realidad es que, si por esclavo entendemos a una persona sin libertad, cuya voluntad está sometida a su amo, cuyo trabajo beneficia a su amo, no al esclavo, hay parte de todo ello. El avance en la situación se refiere a que, por su trabajo, recibe algún beneficio, lo que podríamos llamar un sueldo. Ahora bien, ese sueldo era tan precario que apenas permitía cubrir las necesidades mínimas y el trabajo exigido a cambio era, sin embargo, muy duro.

La salud era todo para ellos. Si caían enfermos no podían trabajar. Si no trabajaban no recibían ningún salario. Por eso era preciso que incluso niños, a edades muy tempranas, trabajasen a su vez. Una simple enfermedad podía suponer el hambre, la pérdida de un lugar para vivir.

El problema más grave era que caer enfermo no resultaba tan complicado. Por un lado la escasez de dinero significaba una alimentación pobre y padecer unas condiciones de vida muy difícil y recortada. Por otro lado, hace relativamente muy poco tiempo que la medicina puede contar con medios adecuados para hacer frente a algunas enfermedades que, aunque hoy no representan ningún problema grave, hace un siglo o siglo y medio significaban ya no una enfermedad sino la muerte.

En estas condiciones, cuando falta lo más necesario para vivir ¿quién iba a preocuparse de aprender a leer y escribir? ¿Para qué? ¿A quién podía preocuparle esta Constitución o la otra?

Poco a poco España se fue dividiendo. Algunos pensaban que era inútil luchar contra el orden establecido y otros, al contrario, ofrecían resistencia. La división también tuvo su influencia en el ejército. En ocasiones, ciertos sectores del ejército *recogían* las malas condiciones de vida de las personas y se convertían en sus defensores. Y así, cada poco tiempo, después de una u otra revuelta, se produjo este continuo quitar y poner del orden establecido.

En 1868 se produce una revuelta que alcanzará a todo el país dando paso en 1869 a una nueva Constitución. Esta Constitución sí permitía la participación del pueblo. De todo el pueblo con edad suficiente, pero sólo a los hombres porque las mujeres no tenían reconocido este derecho que sólo se obtiene, con cierta reticencia por parte de la agrupación socialista por el temor a que la mujer votase a grupos conservadores por influencias de su esposo o religiosas a partir del siglo XX.[2]

Sin embargo participaron muy pocos ¿por qué? Supongo que por desconfianza respecto a que pudiera producirse un cambio real. Además existía el miedo a la posible pérdida del trabajo si el patrón se enteraba de que había votado. Por eso el panorama no reflejó grandes cambios, aunque sí existieron y muchos. Digamos que no fueron bien aprovechados. La Constitución tuvo muy corta vida.

La siguiente Constitución corresponde a una época que se conoce como *"La Restauración"*. Conoció tres monarquías y si a simple vista podíamos pensar que tuvo gran estabilidad, lo que significó cierto equilibrio, la realidad fue bien distinta. Nada había cambiado. Como las anteriores —la mayoría— vino gracias a un levantamiento militar. Si duró más tiempo se debió a que en esta ocasión *el poder se turnaba*, es decir: llegaban a una especie de acuerdo para gobernar según la tendencia dominante. Si convenía reducir la libertad de la persona, subía al poder el partido conservador; si por el contrario parecía necesario admitir cierta apertura subían al poder los progresistas y así sobrevivió esta Constitución.

Sin embargo nada había cambiado o si existieron cambios fueron muy pocos, o no consiguieron nada que permitiera mejorar la extremada pobreza de unos y el caciquismo y las grandes fortunas de los más afortunados que, dueños de casi toda la riqueza, en la práctica dominaban a los gobiernos para servir a sus propios intereses.

Nuevas revueltas, nuevos levantamientos y aparece la Constitución de 1931. La Constitución de la II República. Esta Constitución contó con una respuesta del pueblo mucho mayor. Por primera vez, además, la mujer puede participar. Pudo haber durado pero, por primera vez se pone en peligro real el poderío económico de los que hasta entonces habían manejado todo el país. Se producen fuertes enfrentamientos. Los intentos de superar los problemas económicos y sociales fueron calificados de *comunismo* y encontraron fuerte oposición entre los que poseían grandes fortunas y entre grupos más conservadores. Por este motivo la respuesta de los menos afortunados y de los menos conservadores fue situarse al otro extremo.

Los disturbios se sucedían. Los disturbios también se produjeron en el ejército. Silenciosamente, al principio, se estaban formando los grupos que poco después llevarían a España a la más triste y cruel guerra que se puede conocer: la

---

[2] Véase la vida de Clara Campoamor y la lucha para su obtención.

Guerra Civil, la de los españoles contra españoles por causas que si se hubieran reflexionado, si hubiese existido suficiente madurez, jamás habría un coste de tantas víctimas.

Parece oportuno, justo en este momento, explicar el porqué se califica la situación como falta de madurez, falta de reflexión.

Cuando las cosas no funcionan es preciso hacer que lo hagan. Pero también es necesario que funcionen donde tienen que funcionar. Por eso si un problema civil es grave —entendiendo civil como no militar— hay que resolverlo "civilmente" para que de verdad se solucione. Cuando el ejército intenta poner remedio a un problema civil sólo detiene el problema por un tiempo pero no lo soluciona y volverá a presentarse de nuevo.

Decir que los militares sólo buscan su propio beneficio sin que se preocupen por los problemas de un país sería muy injusto. Muchos levantamientos fueron motivados para devolver a la población civil sus leyes cuando algún tirano las había arrebatado para imponer las "suyas". Es posible que otros levantamientos no tuvieran esa intención. También es posible que pensaran que "sus leyes" eran las mejores para todos.

En cualquier caso, el error fue —y sería deseable que no volviera a repetirse— intentar resolver los problemas con las armas y ya hubo una intentona que estuvo a punto de dar al traste con esta Constitución. Las armas no razonan en manos de personas desesperadas: hieren y matan y hay un punto en que caen en manos de población civil.

Pueden servir para defender o atacar pero no pueden conseguir que un pueblo alcance la madurez y es triste que más de treinta años después de la vigente Constitución, el pueblo no la haya alcanzado por estar en manos de políticos nefastos.[3] ¿Dónde iremos a parar?

Es necesario, más que nunca, hacer que el pueblo español madure. Hacer de la política un servicio, pero no propio. Hacer que un pueblo logre alcanzar la madurez necesaria para poder vivir en paz y dar entrada a un futuro sólido, estable. Los nuevos oligarcas hoy día son la clase política. Una pena.

Si un pueblo alcanza la madurez aprenderá a saber lo que quiere, a luchar por ello, y para eso es preciso cometer errores, saber corregirlos y más tarde saber evitarlos.

------

[3] Este último párrafo ha sido añadido en 2014 después de los últimos escándalos de corrupción y presión política a la población. Siguen sin aprender. El escrito original es del año 1988.

Las armas son eficaces y más rápidas, pueden hacer cambiar muchas cosas en poco tiempo pero ningún poder puede vigilar todo, controlar todo, ni arreglar todo. En algún lugar se estará formando otro poder que, si se hace lo bastante fuerte, derribará al anterior. Y así ningún país será jamás poderoso ni conocerá el orden —porque será falso— y eso por no hablar de la justicia porque dependerá de quien la aplique. Esa ha sido la larga historia de nuestro reciente pasado y el gran temor a que se repita.

Nuestro pasado más próximo nos trae la figura del General Franco. Durante este periodo las llamadas *Leyes Fundamentales* vinieron a ocupar el lugar de la Constitución pero estas leyes no lo eran propiamente, porque su elaboración fue personal y se hicieron para construir y sostener un determinado sistema de gobierno.

Sería muy necio hablar de este concreto pasado como algo terrible, negativo y vergonzoso. No fue así. También durante este tiempo se hicieron muchas cosas importantes. Otras fueron nefastas, todo hay que decirlo.

Lo lógico sería medir lo bueno y lo malo y después decidir según el resultado. Todavía la historia está tan cercana que aún haría falta que pasaran treinta o cuarenta años para opinar con buen rigor de este régimen.

En mi opinión y si tengo un gran reproche al margen de otros y desde luego del poco valor que se otorgó a la cultura, lo peor fue que no se dio oportunidad al pueblo para que *madurara* y se intentó una *salvación* a un coste de un millón de vidas, ¿mereció la pena? Desde luego que no. En primer lugar porque me parece absurdo que sea preciso hacer la guerra para alcanzar la paz y en segundo lugar porque un precio tan alto hace que la más bondadosa intención no merezca la pena. Todavía hoy siguen sin restañarse las heridas. Es cierto, evidentemente, que en España muy poco antes del levantamiento que originó la guerra civil existían graves problemas de difícil solución a corto plazo, inseguridad ciudadana, revueltas que muchas veces producían muertes, malestar muy justificado de la población y muchas cosas más, pero la guerra trajo muchas más muertes, mucho pesar, mayor inseguridad, hambre y destrucción. ¿No era eso lo que se pretendía evitar?

Sin embargo, aparentemente, el pueblo fue madurando aunque no lo suficiente. Durante cuarenta años aprendió una lección y su precio. Tras la muerte de Franco la mayoría de los comentaristas, tanto en la prensa nacional como en la internacional señalaban *esta madurez*. Muchos pensaron y especialmente en el extranjero, que una vez más España ofrecería el espectáculo de nuevos enfrentamientos, de nuevos alzamientos. No fue así. Al menos de momento aquello fue una lección aprendida. Había observado cómo otros países tenían situaciones políticas y económicas mucho más avanzadas. Y se produce el cambio en el sistema.

EL PASO DEFINITIVO

Amaneció el gran día. Aún recuerdo como supongo les pasará a todos ustedes que tuvieron ocasión de vivirlo aquel 6 de diciembre de 1978. Parecía una fiesta. Era un pueblo decidido a romper con su pasado. Una revolución pacífica. Sí. Una revolución aunque parezca un contrasentido, muy pacífica.

Una revolución de largas colas de personas que esperaban su turno para votar. Con orgullo. Con el orgullo del que se sabe libre y capaz para decidir su destino.

Por primera vez en nuestra Historia, "estábamos todos" y pudimos expresar nuestra opinión, cualquiera que fuera.

Los que votaron "NO" entre otras muchas posibles razones lo hicieron porque creían mejor arreglar algunos defectos que evidentemente y con el paso del tiempo hemos visto tiene la Constitución y puede que tengamos que lamentarlo. Otros porque no aceptaban algunos de sus artículos y otros porque simplemente no aceptaban el nuevo posible sistema. Pero al menos tuvieron la oportunidad de expresarlo en paz y libremente. En cualquier caso, tenían derecho a decir "NO". Esa decisión es totalmente digna de respeto.

También existieron personas que votaron en blanco. Esto puede significar que no entendieron bien el alcance de votar sí o no y prefieren que otros decidan. También puede significar que hay parte del texto constitucional con el que no están de acuerdo y parte que aprueban.

La abstención no fue excesiva. Realmente los que no fueron a votar fueron escasos. En la práctica tiene el mismo valor que un voto en blanco pero no es lo mismo; en este caso no hay participación. ¿Cuáles fueron las razones? Pueden existir muchas, pero una de ellas es la desconfianza, la falta de fe.

Los que votaron "SÍ", aunque podrían tener otras muchas razones, aceptaron la Constitución porque, aunque no fuese del todo perfecta, permitía en su conjunto la posibilidad de una nueva vida en paz y convivencia democrática. Ésta era la gran oportunidad y se corrió el riesgo. Un "NO" podría haberse entendido como el deseo de dejar las cosas como ya estaban previstas en lugar de entender que algunos puntos podían haberse mejorado y ello supondría un riesgo aún mayor.

También hubo quien votó "SÍ" con una ilusión inmensa en el futuro. Con una aceptación total.

El resultado de aquel momento: "Aprobado en madurez". Porque salvo contadas excepciones la participación fue notable y un signo de madurez es participar en el rumbo de tu país, para bien o mal. Las noticias en radio, prensa y televisión resaltaron muchas veces la gran afluencia de votantes y el orden en que se estaba produciendo la votación a pesar de que más de un *aguafiestas* había anunciado se iban a producir enfrentamientos.

A medida que avanzaba la noche y se empezaban a conocer los primeros resultados crecía la emoción. Pronto se supo que el "SÍ" había ganado.

La democracia acababa de nacer.

¿Qué es la democracia? Es algo casi tan difícil de definir como la libertad personal. La libertad no puede ser "tan libre" que limite la libertad que otros han de tener a su vez.

Algo así sucede con la democracia. Ganaron los "SÍ", de acuerdo, pero el auténtico demócrata no aplastará con su victoria a los que votaron "NO" ni siquiera a los que se abstuvieron. Es más. Un auténtico demócrata valorará las razones que tuvieran. Y si a pesar de una valoración respetuosa sigue sin estar de acuerdo, no sólo valorará, no sólo respetará, sino que apoyará el derecho del "NO" a seguir manteniendo esta postura y a seguir manifestándolo. Por eso cuando se produce una manifestación, aunque no se esté de acuerdo, hay que pensar en primer lugar que tal vez sea necesario ceder un poco en algo concreto. Si a pesar de todo seguimos pensando igual, si somos demócratas no sólo no impediremos este derecho de otros a manifestarse sino que evitaremos que otros que piensen como nosotros —y sean menos demócratas— intenten impedirlo o la boicoteen.

La democracia es algo así. Es participar. Es aceptar que cuando unos ganan los otros pueden ser apoyados por los mismos vencedores y viceversa. Pero siempre en paz. Básicamente es responsabilidad.

¿Que no éramos demócratas? ¡Ya lo sabíamos! Y también sabemos o tendríamos que saber que necesitamos algún tiempo para su perfeccionamiento pero al menos el gran paso ya estaba dado. Cada año por pura necesidad aprendemos y aprenderemos más.

Para ser demócrata es preciso ser muy valiente y muy serio. No podemos decir que la culpa de todo lo malo que sucede en nuestro entorno la tiene el gobierno, cualquier gobierno o las Instituciones —aunque en muchas ocasiones sea así— porque la auténtica realidad es que la responsabilidad es nuestra. Nosotros somos el Estado. Somos nosotros. El gobierno es elegido por el Estado y las Instituciones pertenecen al Estado y no al gobierno. En consecuencia es nuestro deber poner muy firme a cualquier gobierno. Se va haciendo con el voto de castigo aunque no sea la mejor solución de todos modos. Tal vez así los gobiernos aprendan.

¿Cómo se pueden resolver los problemas? ¿Qué puedo hacer yo como parte del Estado? Algo tan simple como conocer tu Constitución. Aprender con ella y por ella que ha sido creada para que el Estado funcione. Que esa función se encarga por el Estado al gobierno pero que ha sido creada por el Estado (nosotros) para servirnos y por eso somos nosotros, los que a través de la Constitución tendremos que poner en marcha todo cuanto esté "averiado" hasta que se consiga que nuestro país sea aquel en el que queremos vivir y en el que puedan crecer nuestros hijos y nietos.

TÍTULO PRELIMINAR

Se refiere a todos los Principios y cualidades del Estado. Lo que podría equivaler a decir que nacen y mueren con la forma de Estado elegido.

Dice el Artículo 1 que: *"España se constituye en un Estado Social y Democrático de Derecho".* Lo que en realidad viene a ser el nombre y apellidos del Estado Español.

Es **Estado Social** porque todo aquello que se refiere a la sociedad ha de reflejarse en el Estado. Es el espejo al que anteriormente me refería. Los problemas sociales son problemas ya no de la sociedad en solitario, sino del Estado, que debe procurar resolver.

Como el Estado somos todos nosotros, somos nosotros quienes a través de los impuestos (entre otras acciones) ponemos al alcance de personas que no disponen de ingresos económicos suficientes muchos servicios que, de no hacerlo así, nunca podrían recibir, por ejemplo: la ayuda al desempleo, la asistencia médica se tenga o no dinero, la enseñanza gratuita hasta cierto nivel, la justicia. Es decir: el Estado Social tiene como misión vencer el problema de la *esclavitud avanzada* a la que me referí con anterioridad.

Este apellido, "Social", va a aparecer muy frecuentemente en la Constitución. Lo que indica que nosotros, como Estado, le concedemos inmensa importancia.

El apellido "Democrático" también se asomará muchas veces en las diversas formas de actuar que figuran en la Constitución. Supongo que ya, más o menos, tenemos alguna idea concreta de su significado. ¿Lo recordamos? Es participación de todos, es libertad de opinión y es, sobre todo y por encima de todo, que sea posible su ejercicio en paz. Para eso es preciso el mayor de los respetos, especialmente con aquellos que no opinan como nosotros.

El apellido "De Derecho" es una de las formas de decir que la Ley es igual para todos y para todos igual. Es una de las formas de decir que la ley sujeta a todos, que todos debemos respetar las leyes sin privilegios; cuanto más si hablamos de la Constitución por ser ésta la *Superley.*

Existieron polémicas durante su creación respecto a si colocar una de las palabras delante de la otra significaba que la primera tenía mayor valor o habría de tomarse en cuenta primero. Por ejemplo: sobre la conveniencia de situar por delante la palabra "Social" a "Democrático".

Es inaceptable que la colocación anterior o posterior pueda significar que uno es más importante que otro. No es así. Si fuera así como parte del pueblo que soy y por ello del Estado, constituiría un fraude. Además la Constitución no indica en ningún punto que "primero" es un Estado Social, "segundo" que es Democrático y "tercero" de Derecho. No dice tal cosa. Por tanto España tiene todos esos valores operativos al mismo tiempo. De no ser así, si realmente la colocación va a otorgar mayor importancia a "los apellidos" según estén situados con anterioridad respecto a otros puede tratarse de un grave engaño. No es esto lo querido por el pueblo que no estaba, en este caso, lo bastante informado sobre este particular. Hay que pensar que son equivalentes, es decir: que tienen el mismo valor y que por eso deben conjugarse para que uno no haga que el otro se minusvalore. Todos ellos han de ser igualmente valorados.

Algo similar a lo que sucede con la enumeración de los Valores Superiores con los que continúa el Apartado 1 del Artículo 1 que dice son: *Libertad, Justicia, Igualdad y Pluralismo Político.*

¿Cuál de ellos es superior al otro? No dependerá en ningún caso de la colocación sino de su significado cualquiera sea la colocación del término.

Por **Valores Superiores** debemos entender aquellos que tiene el ser humano por el hecho de serlo. Así, la persona es libre. De esta libertad, muy unido al valor Igualdad emerge el valor Pluralismo Político.

A diferencia de lo suscitado con el caso anterior. En este caso no hablamos de la colocación pues es el propio significado el que otorga la mayor importancia.

¿Por qué? Porque no importa dónde estuviese colocada la **Libertad**. Sin ella difícilmente existirá Igualdad, menos aún Justicia y mucho menos aún Pluralismo Político.

La Igualdad es el segundo gran valor. La **Igualdad** establece el freno para el exceso de libertad de otros o la propia pero, si no existe esa libertad que frenar, no sería necesaria la Igualdad pues existiría simplemente.

La Igualdad significa que "todos somos iguales", que un ser humano es igual a otro. Si es así, no sólo es un freno sino que ha de ir necesariamente unida a la Libertad y la Libertad se comprende mucho mejor junto a la Igualdad. Dicho en otras palabras: la Igualdad es el **límite** para que nadie traspase su "parcela de libertad" e invada la parcela de otros o también que *la libertad de uno termina donde comienza la del otro.*

Sin embargo la igualdad se debe interpretar con todos los matices. Así, como un niño no es igual a un adulto, requiere trato diferente para ambos. Es precisamente esta *diferencia* de tratamiento *la que iguala* a un niño respecto a un adulto. Por este motivo la Igualdad no quiere decir que debe tratarse todo "como igual" en todos los casos, incluso cuando los casos sean "desiguales" pues no sería justo.

Un hombre adulto es igual a un niño si en lo que nos fijamos es en su condición humana. No lo es si en lo que nos fijamos es en la fuerza física o en la capacidad mental. Ésta es la razón por la que mediante "postizos" se consigue igualar al hombre con el niño. En caso de accidente, incendio, o cualquier otra situación de peligro, se valora la mayor dificultad de los niños para protegerse y son los primeros en ser atendidos, evacuados, o retirados del peligro. Como un niño pequeño no tiene "sentido común" puede hacer cosas que serían graves si las realizara un adulto como romper cristales al vecino, a modo de ejemplo, intencionadamente o no. Evidentemente no se considera a un niño pequeño la capacidad de medir consecuencias y ésta es la razón por la que siempre existe un adulto responsable que asuma estas consecuencias, sean sus padres, tutores o encargados de su vigilancia.

La igualdad entre adultos entre los que no existe ninguna diferencia justificada se entiende en el sentido de que no existirán personas que "lo sean más que otras" y menos por razones de riqueza, fama, u otros supuestos similares.

La **Justicia** tiene, como hemos visto, gran importancia especialmente a la hora de establecer la Igualdad que a su vez viene de la Libertad y "lo justo" podría definirse en *dar a cada uno lo suyo.* Este valor refuerza el apellido "De Derecho" del Estado Español.

Sin embargo es éste de entre los otros valores el menos atendido. Para que exista verdadera justicia no basta con que se aplique la ley ni se haga sin privilegios. Sería preciso añadir: "Dar a cada uno lo suyo **en su momento**".

Ninguna persona española debería descansar hasta que la Justicia tenga una aplicación correcta. ¿Cómo puede hablarse de Justicia cuando tienes que esperar años y años para poder conseguirla? No es correcto hablar de que falten medios. Éste es un valor fundamental que debería recibir un cuidado preferente.

Si no entendemos —como Estado que somos— que es preciso que este problema se resuelva para que puedan existir el orden social y la convivencia pacífica suficientes, de poco servirá colocar la palabra Justicia en el Título Preliminar de la Constitución: en el lugar más importante.

La cuestión es que, nosotros, como Estado, tendremos que conseguir esa Justicia y luchar para lograrlo. Con ella, actuando bien, todas nuestras Instituciones funcionarían sin lugar a dudas.

Y no es cierto que esto costase mucho más a los españoles como Estado. Lo que pasa es que hay muchos españoles que "olvidan" que también son el Estado, y en esto hay que invertir fundamentalmente. Es preciso que exista un buen equipo de Justicia funcionando correctamente y con medios y a la larga pagaríamos mucho menos, a través de nuestros impuestos, y el Estado sería mucho más rico. Una Justicia operativa y rápida culminaría con el freno a toda corrupción y el retorno a las arcas del Estado de todo lo sustraído. ¿Merece o no la pena reforzarla? Eso desde un ángulo y extensible a todo lo demás. La Justicia es la garante de todos los valores democráticos.

Por eso hay que luchar por ella. Fundamentalmente. Por eso es indignante que se escuchen en ocasiones frases como: "la presión ciudadana no cambiará la postura de sus gobiernos". Y puede que no. Hay que tener muy claro que la Justicia a través del Derecho es la que está al servicio de las personas y no al revés. Un gobernante tendrá que tener en cuenta al pueblo. Por supuesto que tendrá que modificar o acomodar las leyes para que sean justas, *para que sirvan al pueblo*. ¿Y no es la presión una forma de mostrar el descontento con muchas leyes? Tendrá que tener en cuenta al pueblo. Al menos si podemos descubrir cómo podemos presionar al poder ¡gracias a nuestra Constitución!

Esta es la razón por la que nuestra Constitución y con todos sus defectos deba ser defendida a toda costa y utilizada al máximo. Para ello es necesario conocerla del principio al fin y lamentablemente, dada su longitud, este texto no podrá abarcarla en su totalidad. Ése es el otro fallo garrafal de nuestra Constitución. Habría bastado un Título Preliminar respaldado por cuatro artículos a lo sumo pero hubo un empeño en limar asperezas que nos traerá complicaciones futuras. Una Constitución ha de ser precisa en lo fundamental y permitir que las leyes derivadas se ocupen de la codificación necesaria de acuerdo con sus principios.

Hay que hacer que la Justicia funciones y no podemos dejar esa misión en manos de otros. Si quienes tienen que hacerla funcionar no lo hacen o no lo hacen bien o no del todo, será el Estado (nosotros) el encargado de hacer que funcione. Es absolutamente insensato que un gobernante no preste atención a las demandas del pueblo al que representa. En primer lugar porque tal *representación* la recibe del Pueblo y su condición de "representante" no le otorga poderes que no puedan revocarse y éste es un punto cojo, muy cojo en nuestra Constitución que habría que revisar. El incumplimiento o dejación de funciones "de representación" debería ser causa de inmediata dimisión o, dicho de otra forma: de despido. Todo gobernante se deberá aproximar al máximo a lo que se espera de él para que su representación sea auténtica.

Como se puede observar, ser demócrata y aún más: alcanzar la democracia, es algo muy serio. Una constante lucha contra pequeños tiranos que se encuentran en todas partes. Es necesario actuar pacífica pero constantemente: con cartas, con reclamaciones, consultando al Defensor del Pueblo, con manifestaciones, bien acudiendo a ellas, bien a través de asociaciones. Con conductas personales. Ciertamente estamos en nuestro derecho de no hacer nada de eso pero en ese caso no hay razón alguna para protestar. Los demócratas no esperan que nadie resuelva los problemas que ellos mismos no intentan resolver.

El **Pluralismo Político**. En realidad es un hijo directo de la Libertad. En realidad innecesaria su mención en el Título Preliminar. Porque hay libertad existe la pluralidad. Es a su vez un primo directo de la igualdad porque la existencia de la Igualdad tiene como resultado que si existe un partido político pueda existir otro. También es un primo de la Justicia, pues si existe debe defender esta pluralidad. En consecuencia otro de los "fallos" constitucionales que exigirán revisión consiste en su reducción. De acuerdo que se hizo para una transición en el que se quería dejar todo "atado y bien atado" pero que hoy día lejos de ayudar es causa generadora de conflictos.

Dice el Artículo 1 en su Apartado 2: *"La soberanía nacional reside en el Pueblo Español, del que emanan los poderes del Estado".*

Es éste el artículo que afirma todo lo que se dijo anteriormente. Nosotros tenemos la soberanía y ello equivale al poder de decisión. Así, somos los que decidimos todo lo que se refiere al Estado. De nosotros nacen los poderes públicos.

Pues bien, vistas así las cosas sería inestimable que los poderes públicos recordasen que proceden de "nuestra decisión soberana" y que están ahí para nuestro servicio. Lo malo es que no siempre lo recuerdan y es necesario refrescar su mala memoria una y otra vez. Para eso tenemos la Constitución.

Tengo una buena amiga que hoy ocupa un alto cargo en una importante institución que un día, hablando de situaciones parecidas me dijo textualmente: «El poder "flipa" mucho». Y debe ser así, supongo. Debe ser como si de repente alguien te coloca unas alas y empiezas a volar sin darte cuenta de que en la medida que subes la realidad —del suelo— va cambiando y que cada vez es algo que tiene menos que ver contigo. Debe ser algo así pues en su mayoría, los gobernantes pierden contacto con toda la realidad social a la que deben servir y la ignoran. Sabiéndolo, es preciso que nosotros como Estado sirvamos de **ancla** para estos poderes. Sirviéndoles de recordatorio de que ese poder por sí mismo, o con otra razón distinta a ponerlo a nuestro servicio no tendría ninguna razón de ser: no lo tendrían. Ningún ciudadano como *pequeño soberano* debe olvidar esto: los poderes públicos sirven al Estado y, en consecuencia, a los ciudadanos de ese Estado del que forman parte. Los ciudadanos sirven al Estado, no a los poderes públicos. Esto es muy importante que se tenga presente.

En su Apartado 3, dice el Artículo 1 *"La forma política del Estado Español es la Monarquía Parlamentaria".*

Existen dos formas políticas de Estado: la República que significa que no existe rey, y la Monarquía que significa que sí existe y que éste es el Jefe del Estado. No el del gobierno.

El Jefe de Gobierno es elegido cada cierto tiempo cuando se convocan elecciones. En las repúblicas también se elige Jefe de Estado. Pueden ser distintos según el resultado de las elecciones. En las monarquías, las elecciones pueden hacer que cambie el Jefe de Gobierno pero ya no es frecuente —aunque sí posible— es que exista otro Jefe de Estado que no sea el Rey. Es decir: lo es con carácter vitalicio a menos que abdique. Sin embargo, si existe el rey como Jefe de Estado, incluso reconocido como tal, es porque *nosotros así lo decidimos al votar la Constitución.*

Nuestra elección de la Monarquía Parlamentaria como forma de Estado tiene el significado de que queríamos un *rey alejado de la política.* Si esto por un lado significa que es un rey sin poder; al menos sin el poder que tenían los reyes en el pasado, por otro lado permite a su figura una posición por encima de los errores, también aciertos, que necesariamente como ser humano podría cometer.

Monarquía Parlamentaria quiere decir que el rey, como Institución del Estado (la Corona) y no como poder, tiene las funciones que se establecen en la

Constitución y en las leyes. Pero además, estas funciones deben recibir la aprobación —refrendo— del Presidente de Gobierno, Ministro u órgano de poder que se requiera para que sean válidos sus actos. Si falta tal refrendo o aprobación, tales actos es como si nunca se hubieran producido. Son los que refrendan o aprueban los únicos responsables. Esto se hace para evitar que la Corona pueda cometer incluso involuntariamente cualquier error, lo que no sería en absoluto recomendable. Su función a lo sumo es de influencia y asesoramiento.

Artículo 2 — "La Constitución se fundamenta en la indivisible unidad de la Nación Española, patria común e indivisible de todos los españoles y reconoce y garantiza el derecho a la autonomía de las nacionalidades y regiones que la integran y la solidaridad de todas ellas".

Hay que resaltar una cosa fundamental. Dice un viejo refrán "el pez grande se come al chico". Esto es algo tan tristemente cierto que en la medida que un país es más pequeño tiene menos probabilidades de sobrevivir. Antes o después tendrá que depender económica o políticamente de otros países más poderosos. Este es un hecho que vemos constantemente en la vida de cada día. Las tiendas pequeñas cierran a diario porque existen grandes almacenes contra los que no pueden competir. Los pequeños estados tienen que unirse para mantener ciertas garantías. Esto es una *ley de supervivencia*. Cada día vemos más muestras de ello. Los Estados comprenden su pequeñez y tienden a la formación de Continentes, más que estados. [4]

Parece una broma, en cualquier caso una broma suicida, que en España y para llevar la contraria, hiciéramos al revés. No dejaría de ser una anécdota parecida a una frase publicitaria del franquismo que decía "España es diferente". Sinceramente parece poco serio. No se puede estar siempre contra corriente.

Además, es dudoso que seamos "tan diferentes" y mucho menos porque el calificativo "diferente" al menos desde el exterior se aplica no a *"diferente por ser extraordinarios"* sino como sinónimo de *"extraño"*, algo no normal, más que diferentes "distintos a los demás". Eso no es positivo. En definitiva, éste es un buen momento, el mejor y único momento de romper con el pasado: con todos los recuerdos de desunión. Así en la medida que seamos más y estemos más unidos seremos más fuertes, tal vez, algún día. [5]

Es cierto, sin embargo, que en España al reunir en un solo Estado a muchos pequeños reinos del pasado que poco a poco se unieron hasta alcanzar el país que

---

[4] De ahí nuestra inserción en la Unión Europea. Para bien o para mal.
[5] El adoctrinamiento en materia educativa de ciertas Autonomías hace posible que en la actualidad la Unidad se rompa. Algo que venía anunciando ya en el 1988. Lamentable.

hoy conocemos, ofrece mucha diversidad. Pero nada más. Diversidad no equivale a diferente o desunido. No por eso, al menos. Por esta razón, el reconocimiento Constitucional a la Autonomías era lógico. ¿Por qué no? Es algo que pese a muchos recelos funciona y aparentemente funcionará cada vez mejor. Al menos mientras no se cedan ciertas competencias que jamás deberán salir del Estado como son la Educación, Sanidad y Justicia para garantizar criterios básicos uniformes de la Igualdad que se garantiza a todas las personas españolas.[6]

Éste es un modelo que, salvando ciertas diferencias, se aproxima a un Estado Federal y no creo que haya que sentir espanto por las denominaciones en uno u otro sentido. Lo que sí es, es un *modelo muy caro*. Muy gravoso para la economía y eso debió tenerse en consideración.

Como Estados Federales tenemos a Estados Unidos de América y Suiza. Ninguno de sus ciudadanos dice: "Soy de éste o aquel Estado de EEUU" en el primer caso y en el segundo: "Soy de éste o el otro Cantón".

¿Por qué vamos a ser distintos los españoles? O mejor ¿para qué? No sólo eso, es necesario que la solidaridad también funcione. Pues toda la ciudadanía es responsable como Estado de los triunfos y también de los problemas que se produzcan en cualquier parte del territorio. Como un buen equipo.

Por otro lado, lo que sí será precisa es la exigencia a los Gobiernos Autonómicos de que todas las cantidades recibidas para el servicio ciudadano sean destinadas a estos fines so pena de devolución íntegra. Esto es algo que también debe producirse.

Artículo 3 – Apartado 1: *"El castellano es la lengua oficial española del Estado. Todos los españoles tienen el deber de conocerla y el derecho a usarla".*

¿Cuál es la función esencial del lenguaje? Sin duda: aquella que permite la comunicación de unas personas con otras.

Uno de los motivos por los que en EEUU esto se produce es porque existe una sola lengua vehicular: el inglés. Ello permite a su vez un considerable ahorro en traducciones y facilita su propio crecimiento. Algo muy diferente a lo que sucede en Europa donde hay que traducir numerosas lenguas y ello indiscutiblemente pone numerosas trabas al propio crecimiento.

---

[6] Esto se rompió pues los distintos gobiernos del Estado para lograr apoyos autonómicos, pactaron esta cesión conculcando el principio de Igualdad para todas las personas españolas.

¿Por qué el castellano es la lengua oficial? Por tratarse de la lengua vehicular que se conoce en todo el mundo como **español**. Porque desde el Descubrimiento de América, nuestros descubridores y conquistadores fueron exportando y extendiendo esta lengua a todos los territorios que estuvieron en la Corona de Castilla en aquellos tiempos. Tal vez, precisamente por la difusión del castellano como idioma español, estemos ante la razón fundamental por la que España no haya sido olvidada del todo por el resto del mundo. Más de 300 millones de personas utilizan nuestra lengua en el mundo. En "español" en definitiva.

Instituciones tan prestigiosas como la Cruz Roja Internacional tienen cuatro idiomas reconocidos: uno de ellos, es el **español**; junto con el inglés, francés y árabe.

El castellano (español) es una lengua que en España todos conocemos. Por eso todos podemos comunicarnos con ella. En mi opinión hay dos razones para denominar al castellano: *español*. La primera es que en el momento actual el Estado Español tiene una sola Corona. En el pasado, "castellano" no tenía que significar necesariamente español antes de la unificación. Si el Estado es el Estado Español no el castellano, la lengua por pura lógica debe denominarse español, no castellano. ¿Por qué? Porque es una consecuencia directa del Estado e insisto, es el Estado Español.

Realmente no debería tener una importancia tan grave el problema[7] como se ha dado pues es un problema que no tendría razón de ser. No se puede confundir un **tema cultural** (la coexistencia de lenguas) con un problema de Estado.

La segunda razón es aún más obvia. Si el lenguaje tiene como fundamento y base la comunicación, habría que informar internacionalmente de que nuestra lengua es el castellano, no el español y esto es tremendamente ridículo e infantil.

En Inglaterra existe el País de Gales donde sus oriundos hablan galés, sin embargo, allí sólo se comunican en inglés con el resto del mundo. En China se hablan múltiples lenguas y la lengua vehicular es conocida como *chino*. Es de esperar que en cada caso hayan existido razones similares para la elección de una lengua (generalmente la más extendida) pero es irracional que deba existir un conflicto nacional cada vez que se menciona. ¿Realmente *somos diferentes* como abogaban campañas publicitarias del pasado? Sería muy saludable que no fuera así y el discernimiento y sentido común imperaran.

---

[7] La tiene. Supone un gasto excesivo la traducción a cuatro idiomas de toda la documentación oficial del país, gasto absolutamente innecesario y rozando con el esnobismo.

Por otro lado el problema de llamar español al castellano y su reiterada negativa no es más que un tipo de complejo. En EEUU y aunque los ingleses isleños digan que con un acento horrible, nadie dice se hable otra cosa excepto inglés. Sin duda ahorran sus energías para abordar temas mucho más importantes para el país en cada caso. Y estamos hablando de un país gigantesco en todos los sentidos como son los EEUU donde seguramente nadie se habrá planteado siquiera el problema. ¿Cuál fue el idioma más difundido en sus orígenes teniendo en cuenta que a EEUU acudieron numerosas personas procedentes de Europa en sus inicios? ¿El inglés? Pues bien, a ése se acogieron. De haber sido el dominante el sueco, alemán, holandés o francés, hablarían esos idiomas sin más.

Este mismo Artículo en el Apartado 2 dice: *"Las demás lenguas españolas serán también oficiales en las respectivas Comunidades Autónomas de acuerdo con sus respectivos Estatutos".*

Y aquí viene el meollo. También "oficiales" no significa que con preferencia al castellano y mucho menos que se erradique el castellano por conculcar el apartado 1 de este mismo artículo para comenzar y sus Estatutos en ningún momento pueden contravenir la esencia del Artículo 2. Si esto sucede, se estará actuando contra derecho y contra el espíritu mismo de la Constitución consensuada por todos.

Otra cosa es que nuestra Constitución reconozca otras lenguas como oficiales según el territorio para *cortar la prohibición* que anteriormente existía respecto al uso de éstas. Uno es tal reconocimiento y otra cosa muy diferente la prohibición inversa por parte de las comunidades.

Dice el Apartado 3: *"La riqueza de las distintas modalidades lingüísticas de España es un patrimonio cultural que será objeto de especial respeto y atención".*

Exacto. Lo es y es perfecto. Me gustaría apuntar un dato en relación con Asturias. Nos enfrentamos a un idioma y no a un dialecto como se dice respecto al *bable* (asturiano). Es importante que se sepa pero sería una insensatez que se impusiera en el territorio ni sería lógico viniera a sustituir al español. Cada cosa debe estar en el correcto lugar que corresponde. En cuanto al *bable* es muy discutible se trate de un dialecto como se asegura. Existen infinidad de palabras que nada tienen en común con el castellano: *antroxu, güellu, arbeyos* (disfraz, ojo, guisantes) por poner algún ejemplo y tampoco con ninguna de las otras lenguas del país. Tal vez se haya perdido como idioma pero desde luego era un idioma singular.

Si pretendemos un auge cultural, no estaría mal que tal vez a través de la televisión y con la colaboración de todas las comunidades, se hiciese un canal interautonómico (de todas ellas) donde se emitieran programas con subtítulos en *español* de todos los territorios del Estado con idioma propio y que así toda la ciudadanía lleguemos a conocer *nuestros idiomas*.

Es preciso traer de nuevo a colación el problema europeo. Tal vez su principal problema para su unión definitiva es que no tiene un idioma común que permita una comunicación directa entre los Estados. Tal vez sea éste el principal escollo para la eliminación de fronteras y como se dijo, la principal ventaja para los dos colosos: EEUU y la antigua Unión Soviética (ahora Rusia) pues ambos se comunican a la perfección con sus idiomas: inglés y ruso; aunque no sea la única ventaja, sólo hay que anotar que tal vez el hecho de ser tan monumentales se deba a que no debieron preocuparse en tener que entenderse antes de que se unieran sus Estados miembros, ya que no siempre fue así, porque ya eran capaces de comunicarse sin traductores.

El Artículo 4, dice cómo es la bandera de España y en su Apartado 2 habla de las banderas de las Comunidades y de cómo han de colocarse junto a la bandera española en edificios públicos y actos oficiales.

Hay una parte realmente preocupante en todo esto. España debería tener impulsos universalizadores y contrariamente a esto se territorializa minimizándose y esto es garrafal para la creación de un Estado tal como debe ser ahora o en el futuro. A España nunca le fue bien imitar a las ostras y encerrarse en sí misma impermeabilizándose a los problemas e inquietudes del mundo.

Un montón de banderas en el mismo Estado. Una vez más actuando contra toda sensatez. Cualquier norteamericano, ya sea de Nueva York o San Francisco utiliza una única bandera; cualquier cantón Suizo utiliza una única bandera y ambas, por todo el mundo conocidas. ¿Por qué aquí funcionamos al revés? Es incomprensible.

Uno podría decir ¿por qué no? Pero entonces tal vez habría sido mejor colocar todas ellas a un lado de la bandera española ya conocida o bien hacer una nueva y única a gusto de toda la ciudadanía y darla a conocer. De nuevo se plantea el tema del gasto innecesario de la doble enseña. ¿Por qué?

La vida ha de mirar siempre al futuro y una mano ha de estar siempre junto a otra con una idea común. No podemos seguir cayendo en errores como aquellos en los que ya hemos caído. No podemos dar cabida a la frase «divide y vencerás» porque ¿quién vencerá? No podremos alcanzar victoria alguna cuando permitimos que aumenten las cosas que nos desunen y no hagamos mejor y cada vez mayores las cosas que tenemos en común.

He aquí un Artículo de la Constitución que habrá de revisarse si queremos evitar problemas de separatismo nada convenientes.[8]

El Artículo 5 señala que *"la capital del Estado es la Villa de Madrid"*
Era evidente que no podría ser de otra forma salvo volver a disparar los gastos del Estado teniendo en cuenta la ubicación de todas las Instituciones preexistentes. Parece que hubo consenso.

Artículo 6, dice así: *"Los partidos políticos expresan el pluralismo político, concurren a la formación y manifestación de la voluntad popular y son el instrumento fundamental para participación política. Su creación y el ejercicio de su actividad son libres dentro del respeto a la Constitución y a la Ley. Su estructura interna y funcionamiento deberán ser democráticos"*.

Todo eso. De ahí la inmensa importancia de los partidos en la forma actual de Estado que hoy conocemos. Si quisiéramos saber hasta qué punto alcanza su importancia, no tendríamos más que ver su situación dentro de la misma Constitución. Su colocación y su doble mención en el Artículo 1 como *apellido del Estado*, y directamente en el Artículo 5 y todo ello dentro del **Título Preliminar** que es la base y origen de la Constitución. El lugar privilegiado hace de los partidos políticos uno de los elementos *"nodriza"* o *"madre"* del propio Estado.

Nada en la vida política es ajeno a ellos. Si el *Pluralismo Político* era uno de los "apellidos del Estado" junto a la Libertad, Igualdad y Justicia, en este Artículo se dice además que son los partidos los que lo **expresan**. Indicación que no sería necesaria en principio pues la lógica nos llevaría al mismo resultado ya que al existir más de un partido tenemos ya el *pluralismo* y su naturaleza política completaría la expresión: *pluralismo político*.

Evidentemente se pretendía hacer hincapié en el hecho de que sólo ellos ocuparan ese espacio político. Tuvo mucho que ver, naturalmente, el recuerdo de épocas pasadas en que los partidos cuando no eran ignorados eran perseguidos y se intentó hacer fuerte su posición.

El problema es que, como siempre, cuando una posición queda muy reforzada puede sentir la sensación de convertirse en el *"tirano mándalo-todo"* lo que en ningún caso hay que entender como la voluntad de aquel pueblo que un día 6 de diciembre hizo posible la fuerza de los partidos a través de su aceptación a la Constitución.

---

[8] Tal separatismo ya existe gracias a la miopía de los creadores de la Constitución y a la negligencia y falta de responsabilidad de los sucesivos Gobiernos, tanto el del Estado como Autonómicos.

Una función habitual en los partidos es ayudar, durante la campaña política, a que se forme la opinión política del pueblo que luego se expresará en las urnas el día de las elecciones. Lo cierto es que si hasta aquí esta función es incluso necesaria, un exceso en su ya enorme poder como *instrumentos fundamentales para la participación política* podría traer consigo y de hecho ya lo trae, que también la supuestamente archiprotegida **soberanía popular**, o decisión soberana del pueblo, se quedase reducida a la nada.

El pueblo, si esto sucede, será el único responsable. Un ejemplo podría ser una tarta de chocolate: en nuestro sistema político actual todo el Estado sería la tarta en su conjunto y el chocolate serían los partidos. Es un ejemplo muy simple pero válido pues define la situación real. Sin embargo hay que tener en cuenta que además del chocolate hay muchos más ingredientes en una tarta y éstos deben siempre actuar defendiendo su derecho a estar, a ser. De lo contrario no hablaríamos de una tarta sino de *mero chocolate*.

Ignorar la política en nuestros días es virtualmente un *suicidio ciudadano*. Es comprar la cuerda con la que luego te pueden ahorcar y esto sin duda es dar demasiadas facilidades. Ninguna persona puede o debe estar desinformada. Si no existe la información, si la que recibimos es sólo a través de partidos o sus afiliados o simpatizantes, no podrá sorprendernos una realidad lejana por no decir extraña a nuestros deseos. Hay que informarse y ver la forma de comprobar que tal información sea exacta.[9]

Dice la Constitución en este mismo artículo que los partidos también se encuentran sujetos a la Ley y a la Constitución.

Dice además que la estructura interna de los partidos **deberá ser democrática.** Es decir, la estructura interna: sus ponentes o miembros en relación a la organización jerárquica. Lo que supone que sus miembros directivos deberán ser elegidos por todos y por mayoría en lo referente a la estructura interna y en cuanto al funcionamiento significa que debe existir mayor grado de libertad de la que desgraciadamente pueden disfrutar hoy sus miembros en su actuación.[10]

Existen partidos que sujetan a sus miembros de tal forma que conociendo al partido al que pertenecen sabes lo que van a decir y aún más, lo que van a hacer. La

---

[9] En la actualidad tampoco es fiable la información de los medios de comunicación ya que en su mayoría están subvencionados o dependen de los distintos gobiernos. La información más fidedigna, aunque evidentemente debe tomarse con sus lógicas precauciones, tiene sus fuentes en Internet. Apunto a la investigación del Grupo Bilderberg y su incidencia en las sociedades. Grupos como éste o análogos mueven la política en los países.

[10] Ya entonces no existía la democratización interna de los partidos. Dicho esto: eran los principales vulneradores de la Constitución. Con el paso del tiempo se han "teñido" de democratización pero el órgano de gobierno de cada partido actúa de forma que esta democratización interna no se cumpla.

disciplina de partido si tiene por un lado la ventaja de ofrecer una clara coherencia y estabilidad en las líneas a seguir por el partido y su programa, tiene la desventaja de que resta desmesuradamente la libre representación de nuestros elegidos. Es tal vez la muestra más expresiva de inconstitucionalidad de nuestro sistema político. De hecho cualquier **disidente** es automáticamente cesado u olvidado por parte de los órganos de dirección que no se aviene a tratar ninguna discrepancia. Aún más dado el sistema de elección de diputados que son a elección del presidente ya que nosotros votamos listas cerradas. Pero de eso se hablará con posterioridad.

Sometido así, un diputado en el Parlamento carece de voluntad propia. La relación "partido-diputado" al respecto es la encarnación del refrán *«los trapos sucios se lavan en casa»* y los trapos sucios se han de entender en este caso como: diferencia de opinión entre ambos: partido y diputado. Las opiniones de los diputados en consecuencia: dado su sometimiento a la disciplina de partido, se tendrán que o parecerse mucho a las líneas que marca su partido en cuestión o bien tendrá que guardar silencio u optará por la **fuga** a cualquier otro partido.

Visto así, no es necesario que un escaño sea ocupado por nadie. Bastará contar el número de escaños obtenidos por cada partido y citar: *«tantos votos a favor o en contra por este partido»*. Esto al menos supondría la reducción del Parlamento a un piso céntrico en Madrid con una sala de Juntas y un representante por cada partido aparte del ponente del debate, lo que supondría un considerable **ahorro**, tanto por la drástica reducción de dietas como por su mantenimiento. Así no son las cosas y esto también debe cambiar.

Artículo 7: *"Los sindicatos de trabajadores y las asociaciones empresariales contribuyen a la defensa y promoción de los intereses económicos y sociales que les son propios. Su creación y el ejercicio de su actividad son libres dentro del respeto a la Constitución y a la Ley. Su estructura interna y funcionamiento deberán ser democráticos".*

En este artículo se defienden los intereses de la gran división económico-laboral. De un lado los trabajadores, de otro las empresas. Unos y otros representados por grupos y asociaciones. Naturalmente en ambos casos son los representantes de ambos grupos los que actúan. Por parte de los trabajadores: los sindicatos; por parte de las empresas: las asociaciones empresariales. Unos u otros deben atenerse o estar sujetos a las leyes y desde luego a la Constitución. Como los Partidos, también su funcionamiento interno y órganos, deberán ser democráticos.

Pues bien. Evidentemente aquí se reproduce una nueva intencionalidad "protectora" debido al cambio de régimen y una forma de paliar las luchas entre la clase obrera y los patrones de antaño.

Algo indignante es que tanto Partidos como Sindicatos y lo que es peor: las Organizaciones Empresariales y Fundaciones *vinculadas con Partidos*, reciban subvenciones directas procedentes de los Presupuestos. De **nuestros impuestos** y cabe preguntarse el motivo. ¿Por qué no se sustentan *con sus cuotas* y que sus Fundaciones acudan igualitariamente a las convocatorias de subvención generales?

Tuvo sentido en el momento en el que se creó la Constitución pero en nuestros días éste artículo debería someterse a una revisión por no abogar por su eliminación del texto constitucional.[11] Deberían actuar como entidades particulares.

Artículo 8 – *"Las Fuerzas Armadas, constituidas por el Ejército de Tierra, la Armada y el Ejército del Aire, tienen como misión garantizar la soberanía e independencia de España, defender su integridad territorial y el ordenamiento constitucional".* Y en el apartado 2 dice: *"La ley orgánica regulará las bases de la organización militar conforme a los principios de la presente Constitución".*

Según este Artículo, las F.A.S.[12] tienen una misión muy concreta. Tan clara y concreta que ni por extensión de algunos de los puntos que se citan como defender su integridad territorial se puede entender que toman las riendas de la situación ocupando el lugar que corresponde al espacio civil, es decir: tomando el gobierno del país, por la Constitución a la que también deben defender tiene asignado este papel a otros poderes.

Nadie debería entender con esto que la función de los militares es menos importante que la función civil porque no es cierto. Sólo hay que entender la situación de una forma: son distintas misiones para situaciones distintas.

La disciplina militar a la que todos los miembros de las FAS se encuentran sobradamente acostumbrados, convierte a los militares en el mejor apoyo con el que pueden contar los gobiernos civiles en situaciones difíciles. Precisamente, en esas situaciones en las que hace falta que las órdenes sean cumplidas sin discusión y se debe contar con esa obediencia. Ahí es fundamental el apoyo del ejército. Sin

---

[11] Esto fue lo escrito en las fechas del año 1988; la existencia de "Sindicatos de Clase" que se estaban protegiendo; en la actualidad, máxime viendo los desmanes que vienen cometiendo, así como las Asociaciones Empresariales, también inmersas en el capítulo de los desfalcos y utilización indebida de las subvenciones recibidas, hace conveniente su eliminación. Cada uno de ellos deberá inscribirse como asociación y sus ingresos habrán de tener procedencia de cuotas de afiliados.
[12] Fuerzas Armadas del Estado.

embargo no es el ejército quien decide cuando interviene. Es el gobierno civil es que recurre al ejército para que con su apoyo y eficacia vuelva todo a su sitio si las cosas se tuercen y no es posible enderezarlas exclusivamente por vía civil.

En definitiva. La actuación del ejército es tasada; lo que significa que se producirá en la forma que expresamente esté prevista; y está previsto que su intervención tenga lugar después de haber sido solicitada por las autoridades civiles en la forma que indica en el **Artículo 116** la misma Constitución. No basta que existan situaciones realmente difíciles. Es imprescindible que se produzca conforme a lo que la Constitución ordena para que su actuación sea legítima. De lo contrario se estaría desobedeciendo su mandato y esto es sin lugar a dudas totalmente contrario a la disciplina y obediencia que caracteriza al estamento militar. En consecuencia podríamos decir que contrariar un mandato de la Constitución a la que han jurado obediencia sería incluso *antimilitar* pues son por encima de todo y sobre todo disciplinados.

No obstante esta Constitución también sufrió la intentona de un Golpe de Estado fallido, protagonizado por Tejero un 23 de febrero del año 1981; de esta situación en la actualidad tampoco se han esclarecido las oscuras implicaciones militares e institucionales que lo produjeron. Todo ello originado por las constantes provocaciones que estaban recibiendo sin respuesta por parte de algunos sectores que tal vez desearan volver a ver nuestro país "bañado de sangre".

Dice este mismo artículo en su apartado 2º que la organización militar como sucede con otras instituciones tiene que ajustarse a la nueva situación que trajo consigo la actual Constitución y tal ajuste se hará por una ley muy especial que se llama *Ley Orgánica.* Su dificultad y lo que la distingue de otras leyes se debe a que necesita para su aprobación que estén de acuerdo la casi totalidad de nuestros representantes en el Parlamento.

Artículo 9 – Apartado 1: *"Los ciudadanos y los poderes públicos están sujetos a la Constitución y al resto del Ordenamiento jurídico".*

Si algún artículo de la Constitución defiende los intereses de los ciudadanos más que ningún otro es el Artículo 9. Por su comprensión, interpretación y extensión, son muy pocos los supuestos que escapan a la protección de este artículo.

En su Apartado 1 es claro: la ley es la misma y para todos; que no sólo el ciudadano corriente tiene que respetar y cumplir, sino que los poderes públicos tienen esas mismas leyes que respetar y cumplir e incluso con mayor motivo estos últimos para que su actitud sirva como ejemplo, por razón de autoridad. No hay privilegios[13]. Ésta es la razón por la que es decididamente imprescindible que sepamos el alcance de nuestra Constitución para exigir que se cumpla sin excepción alguna. Es imprescindible por ello que la conozcamos.

El Apartado 2 es aún más significativo y la mayor expresión de la protección y defensa de los intereses de la ciudadanía. Dice así: *"Corresponde a los poderes públicos **promover** las condiciones para que la libertad y la igualdad del individuo y de los grupos en los que se integra sean reales y efectivas; **remover** los obstáculos que impiden o dificultan su plenitud y **facilitar** la participación de todos los ciudadanos en la vida política, económica, cultural y social"*.

Si nos fijamos en la primera parte, se habla de *promover condiciones de libertad e igualdad*. Significa que algunas veces se precisan ciertas desigualdades para conseguir la igualdad. Los mencionados *"postizos"*. Esto necesariamente exigirá el consenso. Democracia es igual al consenso se quiera o no, máxime porque nuestra propia Constitución así lo establece.

Supongamos que somos cuatro personas con problemas similares. A nuestro alrededor existe una mayoría de personas con problemas de otro tipo. Si los problemas se resuelven según el número de personas afectadas, la **aplastante mayoría** lograría que este grupo de cuatro personas jamás vean solucionados sus problemas pues raramente serían atendidos. Tal *aplastante mayoría* no tiene cabida en nuestro ordenamiento jurídico pues no tiene cabida en la Constitución misma por virtud de este Artículo.

Si partimos de la base real de que todos somos iguales, los poderes públicos deberán esforzarse para hacer posible la atención a las demandas de las minorías que *en una votación quedarían siempre derrotadas*.

Sin embargo sería conveniente aclarar un aspecto: una minoría podría también ser un grupo bien revolucionario, bien camorrista, etc., cuyos intereses fueran contrarios a la gran mayoría y cabría preguntarse si también ellos deberían ser respetados e incluidos en esta atención. Indiscutiblemente **sí** en aquellas demandas que *dentro del orden establecido por la Constitución y las leyes* pudieran tener. En otras palabras: tienen derecho a ser atendidos en sus **aspiraciones legítimas**. Ahora bien, si sus aspiraciones son de otro tipo que pueda llevar a la destrucción de un orden que contempla a todos —a éstos incluidos— dentro de unos límites de convivencia pacífica, no deben ser atendidas sus demandas. La razón es simple: esta minoría se convertiría en un grupo que **tiranizaría** a todos y

---

[13] Los hay y muchos. Baste conocer la cantidad de aforados que existen en este país, duplicando y casi triplicando al resto de países de nuestro entorno. Estos aforados no son inmunes, propiamente dicho pero gozan del privilegio de estar simplemente sometidos a una jurisdicción que "casualmente" eligen ellos: el Tribunal Supremo. Por virtud de lo cual, pocos se verán salpicados con una condena.

en consecuencia no podría facilitar la existencia de la mayoría. Por esto es preciso tener en cuenta siempre la **licitud** de las aspiraciones en cualquier caso.

Con el ejemplo siguiente podremos ver cómo podría ser posible la atención de las minorías dentro de nuestro esquema Constitucional: un grupo escolar decide como pasar treinta días de vacaciones: 104 querían ir a la playa; 52 a la montaña; 25 al campo, 14 querían practicar esquí y 12 querían practicar equitación.

Así pasaron sus vacaciones:

104	Personas decidieron playa	13 días	PLAYA
52	Decidieron montaña	7 días	MONTAÑA
25	Decidieron campo	5 días	CAMPO
14	Decidieron esquiar	3 días	ESQUÍ
12	Decidieron montar a caballo........................	2 días	EQUITACIÓN

De esta forma existiría un criterio de igualdad mucho más razonable. Por supuesto se trata de un ejemplo ilustrativo del cómo habría que racionalizar los recursos para que se satisfagan todas las aspiraciones y todo ello requiere un **consenso**. Lo contrario, el criterio de mayorías en exclusiva implicaría **tiranizar** *"con formas democráticas de votación"* a aquellos que rara vez contarán con fuerza para alcanzar sus propósitos con este sistema y con ello siempre estarían *"fuera de juego"* y excluidos de la igualdad reconocida a todos.

En derecho existe un principio general que se manifiesta en que hay que buscar siempre la interpretación más favorable al individuo, si nos fijamos en que en este mismo apartado, e inmediatamente después de un punto y coma se ordena a los poderes públicos "remover los obstáculos" se refiere a que la libertad e igualdad alcancen su plenitud. Ahora bien, como no existe un corte diferenciado en relación con la frase siguiente, es posible suponer que "su plenitud" no sólo sea referido a las concretas libertad e igualdad del individuo sino al individuo en sí además de que, efectivamente, se promuevan la libertad e igualdad.

Una interpretación más garante de los derechos daría como resultado lo siguiente: ya no sólo la libertad e igualdad sino que habría que *"remover los obstáculos que impidan o dificulten su plenitud* —la del individuo además de la libertad e igualdad— *y facilitar la participación de todos los ciudadanos en la vida política, económica, cultural y social".*

Si una Constitución es una lista de garantías ciudadanas, es de suponer que deberá recoger al máximo los derechos del ciudadano pues sería estúpido que el mismo ciudadano que decide una Constitución reduzca sus propias posibilidades. De esta manera, y teniendo en cuenta que no hay una ruptura entre frases, que no existe un punto que diferencie claramente un contenido de otro, puede exigirse a los poderes públicos no sólo su misión como garantes de la libertad e igualdad, sino facilitar en todos los aspectos de la vida la participación y superación hasta que se alcance la plenitud del individuo. Y esto implica retirar cualquier impedimento o dificultad.

En otras palabras, cada individuo puede obligar a los poderes públicos a trabajar para retirar los muchos impedimentos que normalmente existen para casi todo. No sólo se trata de que "autoricen" la participación, tienen que facilitar la ayuda que permita se pueda hacer sin obstáculos.

Como en el caso al que se aludía respecto a las minorías, cualquier demanda ha de ser razonable. Por razonable hay que entender cualquier petición que pueda producirse y sea lícita y que suponga una dificultad para determinados individuos o grupos si las situaciones se mantienen como a la generalidad. No importa si ello supone más trabajo por parte de los poderes públicos. No es suficiente excusa para no atender la demanda para **eliminar obstáculos** que hagan difícilmente alcanzable la plenitud individual y con ello la libertad e igualdad de la persona afectada. El porqué no es válida esta excusa se explica en que la propia Constitución ordena a los poderes públicos su eliminación. No sólo estamos hablando de acceso de discapacitados eliminando las barreras. Se habla de obstáculos en todos los órdenes de la vida.

Razonable es un concepto muy poco concreto pero que por fortuna entendemos en su alcance una mayoría de individuos. Por este motivo no es razonable la exigencia de que para alcanzar la plenitud en todos los aspectos de un individuo, los poderes públicos tengan que facilitar un chalet junto al mar. Sí es razonable, por ejemplo, que un grupo de alumnos o uno solo para poder demostrar sus conocimientos necesite un tipo de examen distinto al que efectuará una mayoría, como puede ser: un examen oral en lugar de uno escrito si el alumno cree que no va a poder mostrar sus conocimientos de otra forma. Es razonable solicitar más tiempo para realizar exámenes porque no todo el mundo tiene el mismo ritmo de expresión o rapidez en la escritura; del mismo modo que hay personas más lentas y otras más rápidas y no existe un mundo diferente para unas u otras. Es preciso acomodar estas diferencias si lo que pretendemos es una Constitución para toda la ciudadanía. Por ello es una obligación para los poderes públicos el atender a estas peticiones, cuya negación sería inequívocamente inconstitucional y en esto la Constitución es absolutamente contundente.

Dentro de este mismo artículo dice así el Apartado 3: *"La Constitución garantiza el principio de legalidad, la jerarquía normativa, la publicidad de las normas, la irretroactividad de las disposiciones sancionadoras no favorables o restrictivas de derechos individuales, la seguridad jurídica, la responsabilidad y la interdicción de la arbitrariedad de los poderes públicos".*

Este apartado se refiere exclusivamente al terreno jurídico, a la forma de llevar a cabo la Justicia en España y presenta algunas bases como son la garantía del principio de legalidad. Esto es, la ley establece todo lo que está prohibido. Si la Ley no dice que una conducta está prohibida hemos de entender que está permitida legalmente. La ley lo expresa directamente cuando indica la conducta prohibida o bien cuando señala una pena cuando se produce una determinada actuación que ha de entenderse prohibida.

La seguridad jurídica se refiere a que todas las penas o sanciones sean conocidas. De forma que cada delito tenga su pena correspondiente y sea ésta y no otra la que se aplique. Por ejemplo: que una pena de hurto sea siempre castigada como tal y no que en un momento sea alguien juzgado y condenado por una pena más grave o al revés.

Seguridad jurídica es también la certeza de la justicia se desarrollará por los tribunales competentes, por los jueces habituales y que siempre se podrá contar —teniendo o no dinero— con el consejo de un abogado o abogada.

Seguridad jurídica también significa que una persona no podrá ser detenida caprichosamente ni por más tiempo que el establecido por la ley.

Todos estos aspectos que aquí se citan muy generalmente son luego muy minuciosamente recogidos en nuestra Constitución y su inclusión en el Título Preliminar viene a indicar sin lugar a dudas que la justicia en España goza de la máxima protección Constitucional en la forma que esta Constitución señala.

TÍTULO I – LOS DERECHOS Y DEBERES FUNDAMENTALES

Artículo 10 — *"La dignidad de la persona, los derechos inviolables que le son inherentes, el libre desarrollo de la personalidad, el respeto a la ley y a los derechos de los demás son el fundamento del orden político y la paz social..."*

Este artículo es de fácil comprensión. Sin embargo, los derechos que defiende son precisamente los que menos se han respetado históricamente por muchos gobiernos y en muy distintos países. Los **Derechos Humanos**. Esos que nacen y mueren con la persona por el mero hecho de serlo, sin que pueda siquiera renunciar a ellos, sin que pueda ceder los mismos a favor de otras personas pues a su vez los tienen.

El libre desarrollo de la personalidad se refiere al derecho del ser humano a nacer, crecer y desenvolverse en un medio que proporcione una madurez física y mental sana y apta.

Ambos, dignidad y derechos humanos, junto a la persona que se desenvuelve en un entorno adecuado para su formación y madurez, junto al respeto a la ley y a los derechos de las otras personas son la base para que exista el orden y la paz que todo Estado necesita para su prosperidad y para poder hacer frente al futuro sin grandes temores y sin dejar penosas herencias.

Este Artículo continúa diciendo — *"2. Las normas relativas a los derechos fundamentales que la Constitución reconoce, se interpretarán de conformidad con la Declaración Universal de Derechos Humanos y los tratados y acuerdos internacionales sobre las mismas materias ratificados por España".*

Significa que todos aquellos temas relacionados con los Derechos Humanos se protegen de conformidad con normas a nivel mundial que España ha aceptado. Con ello si existiera un fallo grave en nuestro sistema y como consecuencia de este fallo algunos de estos derechos se viesen reducidos o no estuviesen lo bastante garantizados por el Derecho Español, podremos acudir a los organismos internacionales que existen sobre este tema para su defensa y tutela. Para ello es preciso que España haya aceptado —ratificado— la autoridad superior de estos tribunales u organismos internacionales como puede ser el Tribunal Europeo de Derechos Humanos.

Otra garantía adicional es que los países que han ratificado este tipo de acuerdos, aceptarán no sólo la autoridad superior de estos organismos sino que adaptaran sus propias leyes a las normas de estos Altos Tribunales.

Así sucede en nuestro país. Todos esos tratados, declaraciones, etc., una vez firmados por España **se convierten en nuestro Derecho**. Podemos hacer valer tales normas en nuestros tribunales y sólo en muy raras ocasiones será preciso llevar a estos Altos Tribunales la defensa de este tipo de derechos.

CAPÍTULO PRIMERO – DE LOS ESPAÑOLES Y EXTRANJEROS

Artículo 11 – *"1 - La nacionalidad española se adquiere se conserva y se pierde de acuerdo con lo establecido por la ley. 2 – Ningún español de origen podrá ser privado de su nacionalidad. 3 – El Estado podrá concertar tratados de doble nacionalidad con los países iberoamericanos o con aquellos que hayan tenido o tengan una particular vinculación con España. En estos mismos países aun cuando no reconozcan a sus ciudadanos un derecho recíproco, podrán naturalizarse los españoles sin perder su nacionalidad de origen".*

El Apartado 1 habla de la adquisición de la nacionalidad española, su conservación y pérdida. Se refiere, naturalmente, a extranjeros. La Ley establece una serie de requisitos para cada supuesto. Normalmente se adquiere por petición, una serie de años de residencia que varía según los casos y por concesión o autorización aunque en este último caso tiene un carácter personal, y en otros casos son requisitos como norma general. La nacionalidad se conserva en tanto el individuo desee mantenerla y en tanto no existan causas que ocasionen su pérdida. Se pierde la nacionalidad por decisión de obtener otra, por haber cometido actos contra el Estado, y análogos.

El Apartado 2 es concluyente: Todo nacido en España será siempre español incluso si lo hubiera dejado de ser por cualesquiera causas, si desea recuperar su condición de ciudadanía, nadie podrá impedirlo.

De origen también son los hijos de españoles aunque sólo lo sean de uno. También se llaman de origen los niños que *aparezcan* en España sin que se sepa quiénes son sus padres o se sabe de alguno de ellos y con ello se vieran privados de una ciudadanía plena, por ejemplo: el hijo de un apátrida (persona sin patria: sin ciudadanía plena). Porque como se ha dicho antes, España también ha ratificado los Derechos del Niño y entre otros existe el derecho de todo niño a tener una patria.

El Apartado 3 se refiere a la doble nacionalidad que podrán adquirir los ciudadanos de aquellos países con los que España tuvo alguna vinculación en la época en que España fue un Imperio casi Universal: Iberoamérica, Filipinas, etc. Esto significa que podrán tener las dos nacionalidades, la española y la del país de origen.

Artículo 12 — *"Los españoles son mayores de edad a los 18 años"*

Esto significa que a partir de los 18 años todos los españoles sin excepción tienen la mayoría de edad, lo que significa autonomía plena.

Aquí existe a mi juicio un defecto de redacción, pues lo correcto sería añadir "desde los 18 años". Por supuesto la ley interpreta correctamente el "desde" pero ateniéndonos a lo que aquí se indica ¿sólo somos mayores de edad a los 18 años? Antes obviamente no pero si sólo son mayores de edad **a los** 18 años ¿podría entenderse que a los 19 dejan de serlo? Evidentemente equivocaron la preposición.

Artículo 13 — *"1 - Los extranjeros gozarán en España de las libertades públicas que garantiza el presente título en los términos que establezcan los Tratados y la Ley. 2 - Solamente los españoles serán titulares de los derechos reconocidos en el Artículo 23 salvo que atendiendo a criterios de reciprocidad pueda establecerse por tratado o ley para el derecho de sufragio activo en las elecciones municipales. 3 - La extradición sólo se concederá en cumplimiento de un tratado o de la ley, atendiendo al principio de reciprocidad. Quedan excluidos de la extradición los delitos políticos, no considerándose como tales los actos de terrorismo. 4 - La ley establecerá los términos en que los ciudadanos de otros países y los apátridas podrán gozar del asilo en España".*

Lo que se indica en el Apartado 1 es que los extranjeros que se encuentren en nuestro país tendrán las mismas libertades públicas que se citan en este Título I "De los Derechos y Deberes Fundamentales" según se establece en el Tratado que haya firmado España con sus países y según establece la Ley.

Quiere decir que también están sujetos a nuestra propia ley, en tanto permanezcan en España. Respecto a los tratados entre los países, es de suponer que se establezcan las condiciones que deben regir para los extranjeros en España.

El Apartado 2 se refiere al Artículo 23 relativo a la participación en las elecciones, a las condiciones para poder ser un cargo público, etc. Estos derechos sólo son reconocidos para los españoles. No obstante, los extranjeros podrían elegir representantes en los Ayuntamientos donde residan si en sus países reconocen estos mismos derechos a los españoles.

El Apartado 3 se refiere a la extradición. Esto es: volver a enviar a su país de origen a un extranjero que hayan reclamado las autoridades de su país. Se trata de impedir que una persona cometa un delito en su país y no pueda ser castigado por haber huido a otro. El país donde se encuentre el fugitivo puede conceder su extradición pero también negarse.

En España sólo se concede la extradición a los extranjeros cuya nacionalidad corresponda a Estados con los que tenemos firmado el Tratado de Extradición; esto es, cuando esos Estados se han comprometido también a *devolver* a España a los españoles que hubiesen huido a sus países para eludir la justicia si nuestras autoridades lo hubieran solicitado.

Es importante señalar que en España sólo se concede la extradición porque un extranjero trate de burlar la justicia de su país. No se concederá sin embargo, si el motivo se refiere a *delitos políticos*[14] que no comprendan actos terroristas, evidentemente.

El Apartado 4 está estrechamente relacionado con el anterior. Este Apartado ordena a una ley que regule la situación de estas personas que conocemos como **refugiados** fijando todo lo relativo a su asilo en España como patria de acogida.

CAPÍTULO II – DERECHOS Y LIBERTADES

Artículo 14 — *"Los españoles son iguales ante la ley sin que pueda prevalecer discriminación alguna por razón de nacimiento, raza, sexo, religión, opinión o cualquier otra condición o circunstancia personal o social".*

Hay personas altas y bajas, unas nacen en Japón y otras en Rusia, unas tienen la piel clara y otras oscura, existen hombres y existen mujeres, existen diferentes religiones y cada una contará con sus seguidores, existen muy diversas formas de opinión, existe la riqueza y existe la pobreza.

Muchos de estos aspectos diferenciadores son involuntarios. Nadie elige tener determinada estatura pues suele ser genético, tampoco nacer en un país, el color de la piel, nacer hombre o mujer. Naces y tienes unas características que no puedes evitar pues no dependen de ti tanto si quieres asumirlas como si no. Puedes nacer hombre y desear ser mujer, haber nacido en una familia rica y ser pobre. Puedes haber deseado muchas cosas que no tienes.

---

[14] Delitos políticos: Núcleo de delitos que se persiguen en determinados países con penas durísimas y se caracterizan por mostrar la disconformidad con el sistema sin que impliquen actos terroristas, bastando incluso con una opinión o una actitud que refleje el desacuerdo con su gobierno para ser perseguidos con estas penas.

Otros aspectos son al menos *algo voluntarios*: como sucede con la religión y con las opiniones tanto políticas como personales, sociales, o cualesquiera otras. Sólo son *algo voluntarias*, dado que el ambiente, educación, familia y muchas otras circunstancias contribuyen a la formación de esa característica diferenciadora.

Sin embargo, se quiera admitir o no, ninguna de estas diferencias o características ni todas ellas juntas pueden impedir o restar la característica fundamental que iguala a todos pese a las diferencias: la **condición humana** y no caben subespecies. Pertenecer a la especie humana no admite recortes. En todo caso, tal vez sean "menos humanos" aquellos que sean incapaces de valorar esta condición en los demás.

En nuestros días no sólo hay que referirse a las atrocidades que se han cometido y aún se cometen contra determinados seres humanos en algunos países. En la vida cotidiana, en todos los países existe alguna forma de discriminación contra algunas personas; en mayor o menor medida *alguien se ve apartado* de un conjunto de personas por alguna razón de las aludidas.

No hace mucho, padres de algunos alumnos impidieron en un colegio la asistencia de *niños de etnia gitana* bajo amenaza de sacar a sus hijos si se admitían a estas criaturas. Tuvieron que actuar las autoridades. Lo más indignante del suceso es que justamente esta infancia gitana trataba de incorporarse a "hacer bien las cosas" como tantas veces hemos reclamado. Y esto sucedió en nuestro país. Si tenemos en cuenta que en nuestro país han confluido históricamente numerosas razas está claro que tenemos mucha sangre judía, gitana, árabe y germana en nuestras venas por lo que no deja de ser bastante incongruente.

La discriminación en cuanto al sexo es aún más incongruente. Del mismo modo que no habrá muchas mujeres que superen a *Aristóteles* y *Platón*, por ejemplo, tampoco habrá muchos hombres que lo consigan. Por otra parte, comparados con *Madame Curie*, muchos hombres estarían en clara desventaja así como muchas mujeres. *Golda Meir, Margaret Thatcher, Indira Gandhi* son mujeres que no creo tengan demasiado que envidiar a políticos de todas las épocas. La diferencia no se ha de buscar en el sexo, será en todos los casos una cuestión de educación, preparación e inteligencia y esta diferencia no sólo existe entre hombre y mujer sino entre los mismos hombres y las mismas mujeres.

Discriminar es hacer diferencias de trato. En teoría en España nuestra Constitución además de exigir la igualdad de todas las personas españolas ante la ley prohíbe expresamente toda discriminación y en todos los sentidos posibles imaginables.

SECCIÓN PRIMERA - "DE LOS DERECHOS FUNDAMENTALES Y DE LAS LIBERTADES PÚBLICAS"

Artículo 15 — *"Todos tienen derecho a la vida y a la integridad física y moral sin que, en ningún caso, puedan ser sometidos a torturas ni a penas o tratos inhumanos o degradantes. Queda abolida la pena de muerte, salvo lo que puedan disponer las leyes penales militares para tiempos de guerra"*

Este artículo protege fundamentalmente a la persona como unidad viva e inseparable. Protege en consecuencia su vida; su unidad viva física y moral; por ello no puede haber un castigo que le prive de un brazo o de una pierna o cualquier otro miembro, y mucho menos se le prive de la vida con la excepción de los tiempos de guerra para el caso de la pena de muerte y, aún así, es de suponer que en casos muy concretos y porque suponga una terrible amenaza para el Estado.

Con la ley del aborto se abrió una polémica en el punto en que este Artículo dice que *"todos tienen derecho a la vida"*. En este aspecto es posible que nunca se alcance un acuerdo completo. Para algunos *este derecho es anterior* incluso al nacimiento. Otros, la mayoría, entienden que es *el derecho la vida*, a que pueda seguir viviendo alguien y con eso, evidentemente, hemos de referirnos a seres ya vivos que son los que la Constitución protege y a partir de su existencia.

El Derecho protege situaciones existentes. No existe un derecho preventivo. En otras palabras: no se encarcela a un ladrón por el temor a que pueda cometer un robo con violencia sino hasta que el hecho se produce.

No hay que confundir, y esto hay que tenerlo muy en cuenta, el **derecho con la religión** aunque a veces coincidan pues sus normas afectan a dos esferas muy distintas. El derecho se dirige a todas las personas con independencia de sus ideas. Las normas de una religión, cualquier religión, se dirige exclusivamente a sus fieles.

Para el derecho, la donación de sangre es además de legal algo bueno para la sociedad y la sociedad por lo general también lo cree. Existe una religión, Los *Testigos de Jehova*, cuyos miembros no pueden donar ni recibir sangre. Sean mayoría o minoría no se puede pretender que el derecho "haga suya" esa norma pues constituiría un delito permitir se desangrara alguien en un hospital por no practicar una transfusión. También para el derecho en occidente se considera un delito la bigamia. En consecuencia, y pese a que alguna religión lo tenga legalizado como sería el caso del Corán: esta conducta sería ilícita en occidente. También el derecho condenaría a los padres que procedentes de países africanos quisieran practicar la ablación del clítoris de sus hijas como sucede en esos países.

Pongámonos en el pensamiento de estas personas. Para estas personas nada de lo que se menciona es reprobable. No obstante, el derecho se rige por otras premisas, aquellas que demanda la sociedad cuyas aspiraciones o necesidades debe satisfacer y en más de una ocasión habrá hecho caso omiso de consideraciones religiosas pues su objetivo es dar cobertura a toda la población del país y habrá de ser lo bastante amplio y comprensivo que permita dar mejor respuesta a la demanda social.

Tampoco cabe **confundir el derecho con la moral**. El propietario de un piso puede —legalmente— no acoger a un mendigo en la noche aunque haga un frío espantoso. Puede hacerlo pues está en su derecho legal de no acoger a tal persona e incluso expulsarla de su casa si ha entrado en ella. Ahora bien, moralmente puede ser censurable. Esto es algo que todos entendemos muy bien pues de lo contrario no existirían mendigos ni personas sin techo.

En consecuencia la Constitución hay que entenderla como lo que es: una Superley reguladora de una convivencia social pero no puede ni es su misión, recoger todas las ideas de todos los sectores de opinión ni incluir aspectos que, aun siendo importantes, no se refieren específica y concretamente al mundo del Derecho y a la generalidad de las personas. Es por ello que en materia de conciencia y en aspectos morales, la Constitución sea lo bastante abierta como para que permita la libertad y la no discriminación que defiende.

Esto no entra en contradicción con el artículo por virtud del cual las minorías se verían aplastadas por la decisión de las mayorías sino al contrario: la Constitución se abstendría de regular determinadas situaciones sin derivar a las leyes su regulación futura.

Artículo 16 – *"1º – Se garantiza la libertad ideológica, religiosa y de culto de los individuos y de las comunidades sin más limitación en sus manifestaciones que la necesaria para el mantenimiento del orden público protegido por la ley. 2º - Nadie podrá ser obligado a declarar sobre su ideología, religión o creencias. 3º - Ninguna confesión tendrá carácter estatal. Los poderes públicos tendrán en cuenta las creencias religiosas de la sociedad española y mantendrán las consiguientes relaciones de cooperación con la Iglesia Católica y las demás confesiones".*

El Apartado 1 expresa que la ideología de cualquier clase, la religión y el culto no sólo pueden ser elegidas libremente por cada individuo sino que el mismo Estado –nosotros- garantizará esa libertad. Garantizar es algo más que permitir o dejar hacer: es poner medios para que exista esa libertad de cada persona o comunidad de personas. El único límite es que no se altere el orden público, que no se originen disturbios al manifestar esas creencias. Esto es: que esas manifestaciones no estén dirigidas a provocar a los demás en ningún sentido.

Distinto es si durante una manifestación se altera el orden público por personas ajenas, ya que en ese caso los manifestantes no tienen culpa alguna.

Un ejemplo sería el de un grupo de trabajadores que reclaman mejores condiciones laborales y se manifiestan. Si se exceden en su derecho y rompen cristales de sus empresas o comenten algún acto delictivo, han superado su capacidad de manifestación. Pero si durante la misma, otros individuos atacan a los manifestantes y originan los disturbios, los manifestantes no tienen la culpa de los mismos.

El Apartado 2º protege el derecho a la persona a guardar silencio respecto a sus distintas ideologías, credos u opiniones. La razón es que aunque no sea "constitucional" en absoluto, exponer estas opiniones o creencias puede perjudicar al individuo en algunas circunstancias sin que luego sea posible demostrar que el perjuicio ha sido producido por tal declaración. Un posible ejemplo sería la búsqueda de un profesor en un colegio religioso; supongamos que existen varios candidatos y de éstos se selecciona a aquel que está vinculado a la misma ideología.

Este ejemplo es también válido para cualquier otra situación en la que pudiera darse una circunstancia semejante: no ascender en un puesto de trabajo por razón de ideología, y muchos otros supuestos: como la condición sexual, por ejemplo. No obstante, la cuestión debería ser distinta, en tanto la persona respete las ideas ajenas puede y tiene garantizado a silenciar sus propias ideas sin que deba ser excluido.

El Apartado 3º dice que **ninguna confesión es la confesión del Estado**. En consecuencia, aunque se tendrán en cuenta —lo que no quiere decir que se asumirán— las creencias religiosas de la sociedad española; y esto ocasionará el mantenimiento de relaciones de cooperación no sólo con la Iglesia Católica sino con todas las demás confesiones.[15]

Artículo 17 — *"Toda persona tiene derecho a la libertad y a la seguridad. Nadie puede ser privado de la libertad sino con la observancia de lo establecido en este artículo y en los casos y formas previstos por la ley. 2º— La detención preventiva no podrá durar más de tiempo estrictamente necesario para la realización de las averiguaciones tendentes al esclarecimiento de los hechos y, en todo caso, en el plazo máximo de 72 horas el detenido deberá ser puesto en libertad o a disposición de la autoridad judicial. 3º— Toda persona detenida debe ser informada en forma inmediata, y de modo que le sea comprensible, de sus derechos y las razones de su*

---

[15] Lo dice aunque personalmente estoy en desacuerdo. Llevamos siglos de cristianismo y no veo oportuno el equivalente a decir que en este caso **todas lo son**.

detención no pudiendo ser obligada a declarar. Se garantiza la asistencia de abogado al detenido en las diligencias policiales y judiciales, en los términos que la ley establezca. 4º— La Ley regulará un procedimiento de «habeas corpus»[16] para producir la inmediata puesta a disposición judicial de toda persona detenida ilegalmente. Asimismo, por ley se determinará el plazo máximo de duración de la prisión provisional".

Es muy frecuente oír que las leyes protegen al delincuente. En muchos casos sucede, pero lo que realmente se protege es la posibilidad de que un detenido sea **verdaderamente inocente**. Supuesto del que hay que partir siempre. Se trata de impedir al máximo el daño objetivo y subjetivo que podría originar una detención sin garantías. Por otro lado, la ley establece unas penas para los delincuentes y serán éstas las que habrá de cumplir y no otras. Por mucha rabia, indignación y arrebato que nos pueda producir alguien que haya cometido determinados delitos. Por mucho que se comprenda la furia contenida, si damos rienda suelta a la misma nos convertimos en un colectivo de delincuentes nosotros mismos si cometemos actos inhumanos, delictivos y degradantes contra un *delincuente cierto*, cuanto más si el *presunto delincuente* (persona de la que se sospecha ha cometido un delito) resulta ser inocente al final.

Reflexionemos unos instantes: una persona acaba de cometer un grave delito como puede ser matar a alguien para robar. Un minuto después vas paseando por la calle y tienes cierto parecido con la persona que cometió el delito y ropa similar. Cinco personas **te** reconocen como autor o autora y se produce la detención.

En una declaración forzada, un inocente puede llegar a declararse culpable si es sometido a torturas físicas o psicológicas con el fin de que concluyan. Por eso nuestra Constitución lo prohíbe.

El desconocimiento de los derechos e incluso el estado de nerviosismo e impotencia puede hacer que se declaren cosas que —aun siendo inocente— pueden hacer recaer más sospechas sobre la persona detenida. Por ejemplo: suponiendo que la víctima y la persona detenida tuvieran cierta enemistad, admitir esta enemistad[17]. Por ello se garantiza el apoyo legal de un abogado y que se haga saber sus derechos al detenido.

---

[16] Es un procedimiento que persigue evitar los arrestos y detenciones arbitrarias y asegurar los derechos básicos de la persona detenida, por ejemplo, estar consciente, que no se le someta a torturas de ningún tipo y pueda ser escuchado por la justicia transcurrido el plazo preventivo, previa lectura de sus derechos.

[17] Lo que no significa que desees la muerte de la persona, ni siquiera si lo hubieses expresado como deseo en voz alta. Una cosa es decir a alguien "te deseo la muerte" —pese a lo reprobable que pueda ser— y otra muy diferente asesinar a esa misma persona

La Constitución fija en un máximo de 72 horas (tres días) el límite de tiempo que una persona puede ser detenida sin ser presentada al juez con todas las pruebas recogidas. Supongamos que las pruebas —pese a ser inocente la persona detenida— son lo bastante acusadoras, como puede ser la existencia de que existan cinco testigos o se haya declarado una enemistad, etc., que el juez dispone su ingreso en *prisión preventiva*: es decir: a la espera de juicio. Por eso se establece un tiempo máximo de duración de ésta.

Hasta aquí parece que la persona detenida es culpable del delito que se le imputa (pero ya hemos indicado en el ejemplo que no lo era) pues todo parece apuntar en este sentido. Ahora bien, como no lo es, por mucho que se indemnice a esta persona y a pesar de todas estas garantías que se dice son "el paraíso del delincuente", el daño moral que se ha hecho es muy grave. Incluso recibiendo todas las garantías mencionadas y hasta la *presunción de inocencia*. Sin lugar a dudas, hablamos de un daño verdaderamente difícil de reparar. Pensemos que pudiera sucedernos a nosotros.

Es por eso que en democracia es preferible que esté un delincuente en libertad a un inocente en presidio. El daño es muy grande.

Artículo 18 — *"Se garantiza el derecho al honor, a la intimidad personal y familiar y a la propia imagen.- 2º— El domicilio es inviolable. Ninguna entrada o registro podrá hacerse sin el consentimiento del titular o resolución judicial, salvo en caso de flagrante delito.- 3º— Se garantiza el secreto de las comunicaciones y, en especial, de las postales, telegráficas y telefónicas, salvo resolución judicial.- 4 — La ley limitará el uso de la informática para garantizar el honor y la intimidad personal y familiar de los ciudadanos y el pleno ejercicio de sus derechos"*.

El Apartado 1º garantiza el derecho al honor, lo que debe entenderse como "buen nombre", honestidad no sólo referida al terreno sexual sino también a la honradez, respetabilidad, etcétera. Garantiza también el derecho a la intimidad personal y familiar y a la propia imagen: lo que significa el derecho a alejar de esa intimidad personal y familiar a cualquier intruso. Nuestro Derecho recoge este mandato de la Constitución separando dos esferas de la persona.

Si esta persona es muy famosa diferencia la esfera pública de la privada. No se considerará daño la publicidad ni comentario contrario, o captar imagen dentro de actos públicos. Si, por el contrario, la captación de imágenes —vídeos, fotos— o publicidad no querida se han *robado* de la esfera privada y dentro de la esfera privada sí es un derecho garantizado.

El Apartado 2º es bastante claro: para entrar en un domicilio es preciso que consienta quien lo habita o que un juez lo haya ordenado. Puede entrarse en cualquier domicilio en caso de *flagrante delito*[18]. Esto es, cuando se está cometiendo un delito dentro del mismo: se está intentando matar a alguien o se está cometiendo un robo, pues lo que se intenta es evitarlo.

El Apartado 3º exige un mandamiento judicial para autorizar el acceso al secreto de las comunicaciones. Es un caso evidentemente excepcional y sólo está justificado en supuestos muy graves.

El cuarto y último Apartado de este artículo ordena a la ley que regule las condiciones del uso de la informática como garantía de los derechos ciudadanos. Un uso extralimitado dado su gigantesco y progresivo avance puede traducirse en un monstruo muy amenazador. Pensemos en un país en el que se hubieran almacenado todos los detalles de sus ciudadanos que un día cambia de régimen y ese nuevo poder decide eliminar a un grupo (genocidio) bien por profesar una religión o cualquier otra causa. Es dudoso que las personas pudieran salvarse pues ten-drían todos los medios a su alcance para localizar a todos los que intentan eliminar. Gracias a cierto anonimato pudieron huir de masacres muchos grupos de individuos. Recordemos la II Guerra Mundial; los tristemente conocidos como *Desaparecidos*, y otros supuestos, sin que se hubiera salvado uno solo de ellos por haber tenido a tiempo todos sus datos, políticos, religiosos o étnicos (raciales).

Previendo esta posibilidad —aunque dudosa—, u otra cualquiera que pudiera constituir un riesgo, nuestra Constitución garantiza un cierto anonimato, limitándolo a datos estrictamente necesarios, pero nada más.

Artículo 19 — *"Los españoles tienen derecho a elegir libremente su residencia y a circular por el territorio nacional. Asimismo, tienen derecho a entrar y salir libremente de España en los términos que la ley establezca. Este derecho no podrá ser limitado por motivos políticos o religiosos"*.

El primer párrafo de este artículo no ofrece ninguna dificultad para su comprensión. En cuanto al segundo, la Constitución ordena a una ley que establezca las condiciones para que los españoles entren y salgan del país, entendiendo siempre que las limitaciones a la libertad de entrada y salida deben estar muy justificadas. Como sería el caso de no permitir la huida de España para escapar de la justicia por haber cometido un delito y nunca impedir u obstaculizar esta libertad por razones políticas o religiosas.

---

[18] Un acto delictivo que se está cometiendo en el mismo instante.

Artículo 20 —*"Se reconocen y protegen los derechos: (a) A expresar y difundir libremente los pensamientos, ideas y opiniones mediante la palabra y el escrito o cualquier otro medio de reproducción.- (b) A la producción y creación literaria, artística, científica y técnica.- (c) A la libertad de cátedra.- (d) A comunicar o recibir libremente información veraz por cualquier medio de difusión. La ley regulará el derecho a la cláusula de conciencia y el secreto profesional en el ejercicio de estas libertades.— 2º— El ejercicio de estos derechos no puede restringirse mediante ningún tipo de censura previa. 3º— La ley regulará la organización y el control parlamentario de los medios de comunicación social dependientes del Estado o de cualquier ente público y garantizará el acceso a dichos medios de los grupos sociales y políticos significativos, respetando el pluralismo de la sociedad y de las diversas lenguas de España. 4º— Estas libertades tienen lu límite en el respeto a los derechos reconocidos en este Título, en los preceptos de las leyes que lo desarrollan y, especialmente, en el derecho al honor y la intimidad, a la propia imagen y a la protección de la juventud y de la infancia. 5º— Sólo podrá efectuarse el secuestro de publicaciones, grabaciones y otros medios de información en virtud de resolución judicial"*

El Artículo en su conjunto se refiere a la libertad de expresión, las distintas formas de difusión y las condiciones, garantías y limitaciones a esta libertad.

En el Apartado 1º la Constitución reconoce y protege una serie de derechos como son: el derecho a la expresión y difusión mencionado en el apartado (a) y a la producción y creación de obras de tipo intelectual que cita el apartado (b). Derechos que no es preciso comentar por su claridad pero sí será conveniente referirnos a ellos al abordar el tema de las limitaciones.

La *Libertad de Cátedra* mencionada en (c) es otra cuestión que parece necesario aclarar. Libertad de cátedra significa libertad en cuanto a la forma y método de impartir una enseñanza y en este sentido la cátedra elige libremente cómo ha de enseñar una asignatura cualquiera. Ahora bien, toda cátedra está también sujeta a nuestra Constitución y al resto de las leyes. Como los demás debe tener siempre presente que ha de facilitar el *acceso a la cultura*: promoviendo, eliminando obstáculos que dificulten estos objetivos y permitiendo la participación de los más interesados: el alumnado, en este caso, para conseguir el objetivo fijado. No consiste en suspender a los alumnos ni consiste en aprobar a todos. Consiste en poner remedio a las dificultades que existan y lograr que una mayoría del alumnado si no es posible que pueda alcanzar la totalidad del conocimiento deseable que al menos sea capaz de alcanzar y demostrar los conocimientos requeridos para su aptitud. Para ello la participación del alumnado es imprescindible como lo es que la cátedra acepte y ponga en práctica cuantas sugerencias se indiquen para lograr los fines.

Libertad de cátedra no es arbitrariedad. No puede serlo.

El apartado (d) se refiere al derecho a recibir y comunicar información veraz: la verdad. La Constitución ordena a la ley que regule el derecho a la *cláusula de conciencia* y al *secreto profesional* en relación con estas libertades.

La **Cláusula de Conciencia** se refiere a la reserva de opinar e informar en la forma que "en conciencia" o de acuerdo con sus propias opiniones puede tener un personal de la información.

El **Secreto Profesional** es un límite a la obligación de informar. Determinadas profesiones como sacerdotes, abogados, médicos, tienen conocimiento por su profesión que, en ocasiones, puede presentarse como una *contraobligación*. Esto es, a la obligación de declarar cuanto se sepa en un juicio se opone la obligación de guardar secreto de aquellas informaciones que se han recibido por razón de su profesión. Este secreto profesional puede presentarse como obstaculizador de la justicia, por tanto será la ley quien determine los límites de tal obligación de declarar y la de guardar secreto.

El Apartado 2º dice que no podrá existir una censura anterior. Sólo después de haberse producido una expresión por cualquier medio podrá decidirse si es censurable. Con anterioridad, no existe nada censurable.

El Apartado 3º se refiere a la organización y control por el Parlamento de los medios de comunicación que dependan del Estado: como Radio Nacional y Televisión Española. La cuestión es que se debe respetar la pluralidad en todos los medios estatales garantizándola en todos los sentidos. Teóricamente, todos tenemos derecho a poder comunicar nuestras opiniones por estos medios de comunicación del Estado pero en la práctica no es tan sencillo.

Este artículo protege más a los profesionales de la comunicación porque el Estado aunque sí tenga obligación de garantizar la existencia de todas las opiniones no está obligado a "cubrir los gastos" de algunos sectores de opinión que, si no tienen recursos económicos quedarían fuera de juego. Los profesionales que dispongan de su propia vía de comunicación, como son: periódicos, revistas, emisoras de radio, etc., podrán utilizar estos medios para emitir sus opiniones. Aquí el *ciudadano solitario* suele tener su espacio informativo en secciones como Cartas al Director, Coloquios, y otros. Sin embargo esto se modificó: *especialmente con la irrupción en la vida cotidiana de Internet[19] existen infinidad de blogs y plataformas que permiten tal libertad de expresión, desde Facebook, Youtube al conocido Twitter y muchas otras vías.*

---

[19] Esta información ha sido añadida ya que en la época de la redacción de este documento todavía no existían tales avances.

La televisión es otro problema. Para garantizar la pluralidad habría que fijar el tiempo para cada opinión. Existieron dificultades tecnológicas para que puedan abrirse camino emisoras privadas de televisión (aunque se superaron), debido a que se utilizan determinadas frecuencias y que cada Estado tiene asignadas las suyas. Por eso el Estado, como único responsable, debe controlar cada concesión y procurar que siempre quede protegida la pluralidad.

El Apartado 4º se refiere a los *límites de la libertad de comunicación* que no puede atacar el honor ni la intimidad ni cualesquiera otros derechos que se reconocen en este Título. Tampoco puede atacar el derecho a la propia imagen, garantizando la protección a la juventud e infancia. En definitiva, el límite se encuentra en cualquier ataque a la moral.

Lo decisivo es entender qué significa **moral pública** y nos encontramos que no es igual en todas partes ni en todos los tiempos. Recordemos que hace años el uso del *bikini* era considerado impúdico y no muchos años antes también lo era enseñar el tobillo. Hoy nos reiríamos si alguien se escandalizara por esto. Dentro de unos años no será un motivo de escándalo que exista el *nudismo* en nuestras playas (no ya en playas reservadas) y no creo que se deba pensar que estemos aproximándonos a un nuevo Diluvio ni a un grado de permisividad degradante. *Moral pública* no significa atender exigencias morales de un sector o de varios grupos; la moral pública debe entenderse con cierta flexibilidad de forma que no reste injustificadamente un derecho fundamental.

Sobre la **protección a la infancia y juventud**, casi siempre se entiende como formación *moral-sexual*. Pues bien, aunque éste puede ser un aspecto importante, la formación moral es mucho más amplia. Moralidad referida a éstos lo es también proteger su calidad de vida, enseñar unas pautas de respeto a los demás, no impedir que puedan recibir un derecho a algo: como estudiar en determinado centro —tal como se indicaba al hablar sobre discriminación— porque esto sí que es inmoral. Moralidad es ayudar a esta infancia y juventud inexperta a que puedan llegar a ser adultos sin más dificultades que las habituales para cualquier persona.

El otro límite a la libertad es la **integridad moral** que debe ser entendida como *dignidad humana* que comprende muchos más elementos además del sexual y entre todos forman lo que entendemos por respetabilidad. Esto es: un conjunto entre sinceridad, honradez, buena conducta, buenos hábitos y otros aspectos.

El Apartado 5º y en relación con lo mencionado anteriormente de la censura, dice que sólo por **censura posterior** se podrán secuestrar publicaciones, grabaciones, etc., pero siempre por orden del juez correspondiente.

Artículo 21 — *"Se reconoce el derecho de reunión pacífica y sin armas. El ejercicio de este derecho no necesitará autorización previa.- 2 — En los casos de reuniones en lugares de tránsito público se dará comunicación previa a la autoridad que sólo podrá prohibirlos cuando existan razones fundadas de alteración del orden público con peligro para personas o bienes"*

Este artículo es muy fácil de entender. Se trata de la utilización de una de las formas concretas de la *libertad* en sentido amplio: como *apellido del Estado*.

El primer Apartado tiene que ver con una reunión de carácter privado donde se encuentren numerosas personas. Aunque la mención podría resultar ridícula, especialmente para muchos jóvenes, *no siempre fue legalmente permitido* mantener reuniones privadas donde se encontrasen numerosas personas sin que fueran previamente autorizadas por las autoridades. Me refiero, por supuesto, al franquismo, aunque obviamente o al menos a partir de las dos primeras décadas de su existencia nadie pedía permiso; de hecho: *no de derecho*, se celebraban bodas, reuniones y cualquier otro acto incluyendo los conocidos *"guateques"*[20] sin que nadie lo notificara siquiera y sin que se produjeran problemas. Pero podían haber surgido.

Es conveniente reiterar una vez más que de no haber existido el pasado inmediato anterior, la Constitución habría sido mucho menos reiterativa en aspectos que no tendría sentido haber tenido que subrayar una y otra vez pues todo ello es derivado de la Libertad y de la consecuente democracia que nadie o muy pocas personas habían conocido en el país. Está obsoleta. Requerirá una profunda revisión sin lugar a dudas en un tiempo prudencial e incluso reducirla a mínimos para que podamos conocerla prácticamente de memoria.

Artículo 22 — *"1º— Se reconoce el derecho de asociación. 2º— Las asociaciones que persigan fines o utilicen medios tipificados como delito son ilegales. 3º— Las asociaciones constituidas al amparo de este artículo deberán inscribirse en un registro a los solos efectos de publicidad. 4º— Las asociaciones sólo podrán ser disueltas o suspendidas en sus actividades en virtud de resolución judicial motivada. 5º— Se prohíben las asociaciones secretas y las de carácter paramilitar".*

El Apartado 1º reconoce el derecho de asociación. Por asociación se entiende a un grupo de personas que se reúnen para **conseguir un fin** dentro de la ley, y para ello se inscriben en un **Registro de Asociaciones**. Sólo cuando se

---

[20] Reuniones de juventud donde se reunían en casas para bailar los fines de semana.

registran como tales el *Estado las reconoce* pues antes de ese momento y para el Estado sólo son reuniones de personas.

En el Apartado 2º se exige que la Asociación sea lícita. Esto es: dentro de la ley. No son lícitas aquellas asociaciones que o bien para conseguir sus fines cometan delito o que sea un delito el propio propósito que persiguen.

El Apartado 3º indica que el Registro sólo implica darse a conocer.

En el Apartado 4º establece que si existe alguna asociación "fuera de la ley" sólo el juzgado tiene la capacidad para determinarlo y en consecuencia disolver ésta o suspenderla. Además su resolución y sentencia habrá de ser **motivada**, lo que significa que tendrán que indicarse las causas por las que se adopta tal decisión.

La Administración nunca puede determinar su licitud y se limitaría a poner en conocimiento de la justicia cualquier irregularidad que haya observado pero nunca podrá actuar pues tal facultad sólo puede ser judicial.

El Apartado 5º prohíbe las *asociaciones secretas y paramilitares*. Las "asociaciones secretas" no son aquellas que no se han registrado. Lo son porque pese a su apariencia lícita, incluso cuando se hayan registrado como cualquier otra asociación, en lugar de realizar las actividades para las que supuestamente se registraron realizan otras o persiguen un fin que no está dentro de la ley.

Las *asociaciones paramilitares* también están prohibidas. Se trata de asociaciones que tienen una actividad parecida al ejército. Tienen armas y además se entrenan para su manejo.

Los grupos terroristas pueden considerarse dentro de este grupo. La intención de estas asociaciones cabe imaginarla en sustituir el poder establecido para poner otro a su medida y para eso han de contar con personal adiestrado como en el ejército, perfectamente capaz de atacar e imponerse en un momento dado. Esto es coincidente con la tiranía: unos pocos doblegando a muchos.

Dentro de este grupo aunque sin intención de tomar el poder se encuentran los grupos extremistas que entienden que por una legislación poco favorecedora de "su" concepto del *orden*, tratan de *apoyar a la justicia* y actúan espontáneamente. Nada de esto puede tener sentido en un Estado de Derecho, pues ningún orden es más importante que la Justicia y sólo es a través de ésta como se llegará a conseguir un **orden** que además será **legítimo**. Sólo la ley, sus jueces y tribunales están capacitados para administrar justicia. Ése es en realidad el perfecto orden: el cumplimiento de la ley incluso con quienes no la cumplan. Lo contrario sería el caos.

El llamado *terrorismo de Estado* se pone de manifiesto en aquellos países en el que el mal llamado **orden** se impone por los gobiernos utilizando toda la fuerza represiva de la que se dispone en el Estado. En algunos casos quieren aparentar cierta *justicia* y, o bien actúan los *grupos de apoyo espontáneo* mencionados pero con pleno conocimiento del gobierno aunque aparentemente los persigan, o bien estos grupos ya no son tan espontáneos y son entrenados como fuerza represiva *no reconocida* oficialmente encargándose de lo que podríamos denominar "el trabajo sucio" que no podrían llevar a cabo las autoridades directamente sin recibir la repulsa internacional.

Artículo 23 — *"1º— Los ciudadanos tienen derecho a participara en los asuntos públicos, directamente o por medio de representantes, libremente elegidos en elecciones periódicas por sufragio universal. 2º— Asimismo, tienen derecho a acceder en condiciones de igualdad a las funciones y cargos públicos con los requisitos que señalen las leyes".*

Existen cuatro formas de participación que los poderes públicos tienen la obligación de facilitar: política, económica, cultural y social.

Los ciudadanos tenemos derecho a participar en los asuntos públicos directamente, como en la iniciativa popular legislativa (Art 87-3º) o el derecho de petición (Art. 29) o en los referéndums. También dice que tenemos derecho a participar por medio de representantes elegidos cada cuatro años por **sufragio universal**, lo que sucede con las elecciones del Congreso y Senado.

En primer lugar: si la **soberanía nacional es del pueblo**, es evidente que el pueblo tiene derecho de participación directa. La Constitución **nace** gracias a esa decisión soberana y es a partir de esa decisión de donde se crean todos los demás poderes, aunque estos aspectos se comentarán oportunamente.

La participación por representantes es aún más complicada. Como ya se había mencionado, si los representantes hacen lo contrario de lo que pueblo espera de ellos, no son representantes en absoluto y debería existir un mecanismo para su revocación sin tener que esperar los cuatro años. Cada elector vota a un determinado partido o persona para ser "su" representante. Como los aspirantes a representantes no pueden saber "persona a persona" lo que se espera de ellos, ellos mismos proponen un programa electoral. Y es esto lo que debe ocurrir en las campañas electorales. Eso sí: tal programa electoral ha de ser de **obligado cumplimiento** y desde el principio. Lo otro es un fraude al elector.

No se trata de una especie de guerra entre partidos. Es que el programa debe hablar claramente de los recursos y forma de distribución. Que sean viables y no cortinas de humo que no se cumplirán. Se trata de algo mucho más serio que no se suele practicar, tal vez para lograr que los electores se despisten entre los ataques cruzados y no se puedan comprender con exactitud las promesas electorales. Habría que exigir que los partidos hablen "de sí mismos y de sus programas". Después habría que analizar —como se decía anteriormente— el cómo van a conseguir su cumplimiento, la viabilidad, los pros y contras, el bien que se alcanza y el precio de este bien. Creo que eso sería una campaña seria. Tal vez con menos promesas pero mucho más coherente y, sobre todo, sin mediar engaño a la ciudadanía.

Poco, o mejor nada, puede hacer el pueblo soberano cuando los elegidos una vez en el poder no cumplen sus programas ni promesas electorales. Lo habitual es esperar las próximas elecciones para ejercer *"el voto de castigo"* pero no es suficiente. La cuestión está en que el sistema español se basa en el **mandato representativo**. Por eso, tanto si elegimos o no a un diputado, una vez en su escaño **representa a todo el pueblo español**, no sólo a sus votantes.

Por eso, la disciplina que los partidos imponen tiene un solo punto favorable: aunque no sea del todo constitucional ofrece la seguridad de que cada partido tiene un determinado punto de vista que es en principio conocido por los electores. Sin embargo, si los electores —siendo el pueblo soberano— no pueden revocar al diputado que no cumpla su representación de acuerdo con lo querido por el pueblo, los partidos tienen aún menos derecho a revocar a sus *disidentes* o diputados rebeldes con las líneas de opinión marcadas por los partidos.

Sufragio Universal significa que todos los españoles con derecho a voto: cumplidos los 18 años, pueden votar. Para ello hay que tener esa edad, ciudadanía española, estar inscrito en el censo y que no tengan prohibido votar (algo que sucede cuando se cometen determinados delitos y un juez dicta sentencia condenatoria).

En el Apartado 2º se señala que cualquier ciudadano podrá aspirar a funciones y cargos públicos sin discriminaciones, cumpliendo lo que se exige en las leyes.

Artículo 24 — *"1º Todas las personas tienen derecho a obtener la tutela efectiva de los jueces y tribunales en el ejercicio de sus derechos e intereses legítimos sin que, en ningún caso, pueda producirse indefensión. 2º— Asimismo; todos tienen derecho al Juez ordinario predeterminado por la ley, a la defensa y a la asistencia de letrado, a ser informados de la acusación formulada contra ellos, a un proceso público sin dilaciones indebidas y con todas las garantías, a utilizar los medios de prueba pertinentes para su defensa, a no declarar contra sí mismos, a no confesarse culpables y a la presunción de inocencia. La ley regulará los casos en que por razón de parentesco o de secreto profesional no estará obligado a declarar por hechos presuntamente delictivos".*

El Apartado 1º es claro, los jueces y tribunales: el poder judicial, deviene obligado a defender los derechos e intereses legítimos de todas las personas que, en ningún caso, pueden quedarse sin defensa.

El Apartado 2º se refiere al *juez ordinario predeterminado* por la ley. Esto significa que juzgará el mismo magistrado que lleve habitualmente las causas del tipo que sea la presentada, no otro.

Todos los detenidos deben saber el porqué lo son y de qué son acusados. Todos tienen derecho a ser defendidos y a recibir el consejo de un abogado aunque no se tenga dinero para pagar sus honorarios, ya que siendo así se designaría uno *de oficio* o gratuito.

El proceso o juicio será público y no podrá retrasarse éste sin razones muy justificadas y con todas las garantías que aseguren la defensa, pudiendo usar todas las pruebas adecuadas para ello. El procesado tiene derecho a no confesarse culpable, a no declarar cosas que puedan ser utilizadas en su contra, podrá guardar silencio hasta hablar con un abogado y, lo más importante, antes de ser juzgado, por virtud de la *presunción de inocencia*, nadie puede considerar culpable a quien aún no ha sido juzgado. Esto es: es inocente a menos que en el juicio quede demostrada su culpa. Debe ser así.

No deja de ser anecdótico respecto a declarar contra uno mismo que en la vida diaria la mayoría de las personas vemos "normales" actuaciones que implícitamente significan *declarar contra uno mismo*. El Derecho Laboral establece que la reiteración de ausencias al trabajo o de numerosos retrasos en la entrada podría ser causa de despido y según los convenios puede ser más o menos flexible la situación. Pues bien: si alguien se demora y marca mediante ficha u otro sistema su entrada: "se está declarando culpable" y evidentemente la empresa tendrá una prueba fehaciente para utilizar contra la persona trabajadora. Está claro que esto se cita como anécdota pero es una realidad que vulnera este artículo de la Constitución aunque esté socialmente aceptado.

Ciertamente, ateniéndonos a la presunción de inocencia en toda su pureza, la empresa vendría obligada si faltan tales marcajes a recopilar todas las pruebas que existieran de la culpabilidad de determinados trabajadores, lo ilógico es *la colaboración* de estos en sus propios despidos. No estoy cuestionando los abusos que en algunos casos se puedan cometer por reiteradas ausencias o retrasos, simplemente expongo una situación que colisiona con el Artículo constitucional. Tampoco podemos esperar que un ladrón de un domicilio deje su tarjeta de visita para que la policía pueda ir a apresarlo.

Aunque es una práctica habitual, contradice un precepto constitucional recogido como fundamental, por lo que si no se respeta por las empresas estos trabajadores podrían acogerse al **recurso de amparo**.[21]

Si bien está "social y laboralmente aceptado", se debe insistir en que no es una técnica apropiada. Mucho más conforme con la garantía de la *presunción de inocencia* sería buscar fórmulas distintas como: premios a la puntualidad, controles de permanencia por la empresa que no exigieran la directa intervención del personal controlado. Esto es: que la empresa recopile las pruebas en relación con la posible culpabilidad de ciertas personas de las que se sospecha no cumplen sus obligaciones. Es muy importante insistir en el extremo de la *presunción de inocencia*.

En consecuencia: si alguien cree que somos culpables de algo. Ese alguien tendrá que **demostrar** que lo somos. No somos nosotros los que debemos demostrar algo que ya se nos supone y no hemos de hacerlo antes de tiempo. Y esto lo debemos trasladar a cualquier situación.

Con anterioridad a la Constitución, la presunción era **de culpa** y entonces sí, entonces tendríamos que probar nuestra inocencia aunque no siempre resultara tan fácil. Con la presunción de inocencia se invierte la carga de la prueba que han de recopilarla los acusadores para ponerlas a disposición de la justicia y será en un juicio donde en cualquier caso se habría de probar nuestra inocencia y será el juzgado quien determine cuál de las partes tiene razón.

Con el ejemplo anterior lo que se pretende es que se arbitren soluciones distintas para actuar. Tampoco se pretende favorecer a trabajadores que no actúen correctamente. Simplemente se señala una anécdota que, a mi juicio, contradice la Constitución por muy socialmente aceptada que esté.

Por otro lado, no parece muy conveniente que determinados usos por más consensuados que puedan estar contravengan este precepto u otros.

Artículo 25 — *"1º   Nadie puede ser condenado por acciones u omisiones que en el momento de producirse no constituyan delito, falta o infracción administrativa según la legislación vigente en aquel momento. 2º— Las penas privativas de libertad*

---

[21] Son problemas que se atienden directamente por el Tribunal Constitucional como intérprete de la Constitución y máximo órgano de protección de derechos ciudadanos.

y las medidas de seguridad estarán orientadas hacia la reeducación y la reinserción social y no podrán consistir en trabajos forzados. El condenado a pena de prisión que estuviere cumpliendo la misma gozará de los derechos fundamentales de este Capítulo, a excepción de los que se vean expresamente limitados por el contenido del fallo condenatorio, el sentido de la pena y la ley penitenciaria. En todo caso tendrá derecho a un trabajo remunerado y a los beneficios correspondientes de la Seguridad Social, así como al acceso a la cultura y al desarrollo integral de la personalidad. 3º— La Administración civil no podrá imponer sanciones que, directa o subsidiariamente, impliquen privación de libertad".

Significa que no existe ningún delito si no hay una ley que prohíba una conducta. Por eso nadie puede ser perseguido por ningún hecho delictivo si, cuando se cometió, ninguna ley señalaba tal actuación como delito. Ni siquiera si después lo era por ley. Sólo a partir de la ley es delito. Un ejemplo: el maltrato animal actualmente es delito. Por reprobable que nos parezca, no podemos encarcelar a alguien que en su día mató a palos a su perro si no estaba tipificado, a título de ejemplo.

El Apartado 2º se refiere a que las penas con las que se condena a los culpables de haber cometido un delito no deben ser *vengativas*. No se trata de una solución "ojo por ojo". Cuando una persona es condenada a permanecer un cierto tiempo sin libertad lo que se pretende es que durante ese tiempo *aprenda a convivir* con los demás respetando sus mismas leyes ya que éstas existen para ordenar la convivencia de las personas. El tiempo de privación de libertad será mayor según el delito cometido sea más grave. Esto no indica, de nuevo, un mayor tiempo porque "deba pagar más". Lo que significa es que en la medida que una persona es capaz de causar más daño a otra tiene menos capacidad para convivir con los demás y necesitará más tiempo en su *educación social.* Lo que se puede definir como "aprender a convivir". Por este motivo se reconoce a los reclusos o personas privadas de libertad ciertos derechos, en los mismos términos o similares a los que tendría cualquier persona en libertad.

Puede que en ocasiones creamos que las cárceles son otro "paraíso de delincuentes" y éste es un error mayúsculo. Bastaría con una simple visita para observar que no existe tal paraíso. La cárcel es, por sí misma, degradante. Un solo mes puede marcar toda una vida. Desgraciadamente, no siempre "sirve para educar" y las más de las veces lo que se logra es hundir definitivamente al condenado para siempre. La sociedad tampoco ayuda demasiado a los ex condenados y éstos, al final, *vuelven a cometer un delito* para regresar a la cárcel que ya pueden considerar su "domicilio habitual". De nada sirve una educación social en la cárcel si la sociedad exterior rechaza el apoyo a aquellas personas que una vez cumplida su condena intentan incorporarse a los demás. En algunos casos la condena se convierte en una *vitalicia* y en ciertos casos injusta.

Es importantísimo establecer una diferencia entre la persona que comete un delito por grave que sea, pero no es un delincuente y el delincuente nato. El primero tiene una posibilidad de reinserción. Aquí ya no estamos hablando de la aplicación de leyes. Es para los primeros para los que pueden concentrarse los esfuerzos.

Existen delitos que no permiten la reinserción porque se corresponden con una anomalía: violaciones, pederastia, asesinatos en masa, robos con violencia extrema. En estos casos todas las salidas implicarán la vuelta al comienzo. Se trata de **personas asociales** que en la cárcel se conducen con toda normalidad e induce a pensar que han superado el problema. No lo superarán porque se encuentra en la naturaleza misma del individuo y es en la calle donde se produce la *incitación*, no en la cárcel. No estamos hablando de un delito como un asesinato, incluso, cometido por una persona sin esta naturaleza que probablemente pueda reinsertarse y tener un arrepentimiento social. En estos otros casos no existe. Hay numerosos estudios criminológicos que afirman esto. Determinados delitos prueban una *conducta asocial*, no existe la menor empatía con sus víctimas y sus víctimas no se encuentran en las cárceles. Es importante tomar en consideración que tales anoma-lías existen desde edades muy tempranas. En este sentido nuestra Constitución deberá ser objeto de revisión urgente. Estas personas no pueden estar en libertad pues volverán a reincidir.

El Apartado 3º prohíbe a la Administración actuar como los tribunales y condenar con penas que priven de libertad a las personas. Esto sólo puede hacerlo un juez y tal como señala la ley.

Artículo 26 — *"Se prohíben los Tribunales de Honor en el ámbito de la administración civil y de las organizaciones profesionales"*

Ya se ha dicho anteriormente. Los únicos tribunales autorizados para juzgar cualquier causa son los establecidos por la ley. En consecuencia se prohíben los llamados Tribunales de Honor y cualesquiera otros no contemplados por aquélla.

Artículo 27 — *"1º—Todos tienen el derecho a la educación. Se reconoce la libertad de enseñanza. 2º La educación tendrá por objeto el pleno desarrollo de la personalidad humana en el respeto a los principios democráticos de convivencia y a los derechos y libertades fundamentales. 3º— Los poderes públicos garantizan el derecho que asiste a los padres para que sus hijos reciban la formación religiosa y moral que esté de acuerdo con sus propias convicciones. 4º— La enseñanza básica es obligatoria y gratuita. 5º— Los poderes públicos garantizan el derecho de todos a la educación mediante una programación general de la enseñanza con participación efectiva de todos los sectores afectados y la creación de centros docentes. 6º— Se reconoce a las personas físicas y jurídicas la libertad de creación de centros docentes, dentro del respeto a los principios constitucionales. 7º— Los profesores, los padres y, en su caso, los alumnos intervendrán en el control y gestión de todos los centros sostenidos por la Administración con fondos públicos en los términos que la ley establezca. 8º— Los poderes públicos inspeccionarán y homologarán el sistema educativo para garantizar el cumplimiento de las leyes. 9º— Los poderes públicos ayudarán a los centros docentes que reúnan los requisitos que la ley establezca. 10º— Se reconoce la autonomía de las Universidades en los términos que la ley establezca".*

Conviene resaltar un defecto de redacción en el Artículo refiriéndose a las palabras *educación y enseñanza*. Siguiendo al **Profesor A. Torres del Moral**[22] se han equivocado los conceptos. *Enseñanza* significa *instrucción*. Esto es: recibir conocimientos. *Educación* significa *instrucción pero orientada*. Se trata de una instrucción con cierta orientación ideológica no sólo el mero conocimiento de algo. Así, el Apartado 1º en realidad quiere decir que todos tienen derecho a la **instrucción** (o enseñanza). Así como que se reconoce el derecho a la **libertad de educación** (o elección del tipo de enseñanza que se quiera recibir (religiosa, laica)

El segundo Apartado se refiera a la *educación* empleando la palabra correcta, pues va *orientada* al pleno desarrollo de la personalidad humana, respeto a los principios democráticos de convivencia y a los derechos y libertades fundamentales.

El Apartado 3º garantiza el derecho de los padres a educar a sus hijos conforme a sus creencias.

En el Apartado 4º se indica que la enseñanza básica es obligatoria y gratuita. El problema es que si es gratuita y obligatoria, para que lo fuera de verdad: los libros de texto, el material y todos los artículos que utiliza el alumnado que *obligatoriamente* debe recibir esa instrucción básica, tendría que ser también gratuita. No importa en qué centros reciban la instrucción pues, si es obligatoria, salvo que el estado proporcione el mismo número de plazas escolares que de alumnos se trate, no cabe exigirse el pago por este concepto y esto también ha de referirse a libros, cuadernos y otros materiales necesarios.

Los Apartados 5º, 6º y 7º son muy claros. En el 5º se garantiza el derecho a la enseñanza y a la participación en cómo se va a programar ésta. En el 6º se garantiza a crear centros de enseñanza y obviamente, de acuerdo con la

---

[22] Catedrático de Derecho Constitucional.

Constitución y las leyes. En el 7º se reconoce el derecho a intervenir en el control de todos los centros que reciben dinero de la Administración del Estado y que llega de los impuestos, en la forma que indica la ley.

El Apartado 8º responsabiliza a los poderes públicos para que inspeccionen e igualen el sistema de enseñanza para garantizar el cumplimiento de las leyes.

El Apartado 9º ordena a los poderes públicos que ayuden a los centros que cumplan con todo lo que la ley requiere bien sea económicamente o con cualquier otra petición, ya que la Constitución no menciona el tipo de ayuda a la que pueda referirse.

El Apartado 10º ordena a una ley que determine la forma de autonomía que tendrán las Universidades. Es decir: fijar los límites en los que puede obrar cada universidad más o menos libremente, ya que autonomía no significa soberanía. Esto es: aunque sí tienen cierta libertad, no es totalmente libre cada universidad pues, en principio, han de regirse conforme a lo que se indique en la Constitución y en la Ley de Autonomía universitaria, así como otras leyes que tengan que observarse.

Artículo 28 — *"1º— Todos tienen derecho a sindicarse libremente. La ley podrá limitar o exceptuar el ejercicio de este derecho a las Fuerzas o Instituciones armados y a los demás Cuerpos sometidos a la disciplina militar y regulará las peculiaridades de su ejercicio para los funcionarios públicos. La libertad sindical corresponde al derecho a fundar sindicatos y afiliarse al de su elección, así como al derecho de los sindicatos a fundar confederaciones y a fundar organizaciones sindicales internacionales o afiliarse a las mismas. Nadie podrá ser obligado a afiliarse a un sindicato. 2º— Se reconoce el derecho a la huelga de los trabajadores para la defensa de sus intereses. La ley que regula el ejercicio de este derecho establecerá las garantías precisas para asegurar el mantenimiento de los servicios esenciales de la comunidad".*

Los sindicatos son asociaciones que defienden los intereses de los trabajadores. Pues bien, este artículo reconoce el Derecho de los trabajadores a pertenecer a un sindicato. Pertenecer o no es algo que deberá decidir libremente cada trabajador. El Artículo señala los derechos que comprende la libertad sindical como lo son: su creación, afiliarse, derecho a unión de varios sindicatos, fundar organizaciones internacionales, etcétera.

Algunos trabajadores: funcionarios, miembros de las Fuerzas Armadas o de Seguridad del Estado pueden tener recortado este derecho o simplemente no pueden disfrutarlo por razón de su actividad pero, en cualquier caso, será la ley la que determine y regule cuáles son las limitaciones e impedimentos para los colectivos concretos de trabajadores.

El Apartado 2º expresa el reconocimiento del derecho a la huelga –a no trabajar— para conseguir determinadas ventajas que, si no fuera por la presión de la huelga, las empresas no concederían.

La Constitución ordena que este derecho lo regule la ley[23] y que esta ley contenga disposiciones que garanticen la existencia de los servicios mínimos. Esto es: que por una huelga de los trabajadores de compañías eléctricas, por poner un ejemplo, se garantice que una ciudad no se quede sin alumbrado.

Artículo 29 — *"1º— Todos los españoles tendrán el derecho de petición individual o colectiva, por escrito, en la forma y con los efectos que determine la ley. 2º— Los miembros de las fuerzas o institutos armados o de los Cuerpos sometidos a disciplina militar podrán ejercer este derecho sólo individualmente y con arreglo a lo dispuesto en su legislación específica".*

Este es un derecho que sólo se reconoce a españoles. Más que un **Derecho de Petición**: de petición de algo que teóricamente teníamos que tener y no tenemos, podríamos llamarlo "derecho de queja" pues en realidad es de lo que se trata lo que aquí se reconoce.

Tendría sentido si tras la petición se consiguiera lo que se solicita. Para el Tribunal Supremo[24] la petición debe dirigirse a los poderes públicos que deban decidir sobre el asunto que se solicita y si estos se niegan o no contestan, podrá iniciarse la posibilidad de recurso. Sin embargo: esto no quiere decir que se consiga lo que se pide.

Entre los requisitos que la Constitución tiene previstos está que la petición se haga por escrito, bien de una persona o de un colectivo, excepto que este colectivo proceda de los Cuerpos de Seguridad del Estado como pueden ser: ejército, policía; pues en este caso sus miembros sólo pueden hacer la petición individualmente.

Tampoco hay que entender que este derecho es una forma más, o una vía lateral, de iniciativa popular legislativa con vistas a solicitar un referéndum,

---

[23] Tres décadas después, aún no se ha regulado pues ningún gobierno ha querido acometer la impopularidad posible de la adopción de tal medida, incumpliendo el mandato Constitucional.
[24] Máxima autoridad Judicial. No debe confundirse con el Tribunal Constitucional pues este último sólo se ocupa de temas de interpretación del Texto Constitucional y su aplicación.

aunque algunos autores lo crean así. La Constitución no dice en ningún momento que el referéndum pueda tener lugar por iniciativa del "pueblo soberano".

Por esta razón es por lo que este derecho no puede definirse de otra forma que como "Derecho a pataleo" puesto que la petición como tal, que proceda del pueblo soberano, para que tenga algún efecto habrá de hacerse a través de nuestros representantes en el Parlamento, como se indica en el Artículo 77.

SECCIÓN SEGUNDA – "DE LOS DERECHOS Y DEBERES CIUDADANOS"

Artículo 30 — *"1º— Los españoles tienen el derecho y el deber de defender a España. 2º— La ley fijará las obligaciones militares de los españoles y regulará con las debidas garantías la objeción de conciencia[25], así como las demás causas de exención del servicio militar obligatorio pudiendo imponer, en su caso, una prestación social sustitutoria. 3º— Podrá establecerse un servicio militar civil para el cumplimiento de fines de interés general. 4º— Mediante ley podrán regularse los deberes de los ciudadanos en caso de grave riesgo, catástrofe o calamidad pública".*

El 8 de noviembre del año 2000 se suprime en España el Servicio Militar obligatorio. A consecuencia de esto, es obvio que **este artículo deberá desaparecer de la Constitución o al menos modificar su contenido**.

No parece que el Apartado 1º ofrezca ninguna dificultad de comprensión. Por su parte el 2º establece que será una ley la que fije y regule las obligaciones militares de los españoles garantizando debidamente la *objeción de conciencia* y otras causas de exención, de no tener que cumplir el servicio militar, lo que se cambiaría por otra actividad con carácter social.

La llamada **Objeción de Conciencia** fue un problema que no tendrá una solución fácil ni probablemente justa, salvo que se determine que el cumplimiento del servicio militar sea voluntario.

Si algo es más libre que la persona misma es "su" conciencia y el derecho a su regulación, que no es otra cosa que el mismo derecho a ser persona, parece estar por encima de toda ley.

---

[25] N. de la A. Se suprime el Servicio Militar obligatorio y con él la Objeción de Conciencia. Se mantiene el texto original del año 1998 para facilitar la comprensión de lo que sucedía en aquel momento, tras la revisión de este texto en noviembre de 2014.

Hubo problemas, porque la ley establecía unos plazos para que cada "objetor" plantease su decisión de no cumplir el servicio militar pues su conciencia le impedía tomar las armas contra otras personas y aprender su manejo, presumiblemente con este fin. Esta es la razón por la que se realizaba el servicio militar. Pues bien, el momento en el que una conciencia dice: **no**, evidentemente no puede establecerlo la ley pues escapa a la misma persona. Puede ser antes o después o nunca. Y puede se produzca en el momento en el que debe cumplir esta obligación: cuando verdaderamente se enfrentaba a esta realidad.

El otro problema era que los servicios sociales que sustituían al militar tenían una duración mucho mayor que éste y esto fue sin duda una discriminación que no tenía ningún sentido. Esta cuestión junto a otras se presentó en varias ocasiones al Tribunal Constitucional sin que se conociera su decisión por un largo periodo.

En el Apartado 4º indica los deberes que en determinadas situaciones difíciles han de cumplir los ciudadanos y que serán establecidos por ley.

Artículo 31 — *"1º— Todos contribuirán al mantenimiento de los gastos públicos de acuerdo con su capacidad económica mediante un sistema tributario justo inspirado en los principios de igualdad y progresividad que en ningún caso tendrá alcance confiscatorio. 2º— El gasto público realizará una asignación equitativa de los recursos públicos y su programación y ejecución responderán a los criterios de eficacia y economía. 3º— Sólo podrán establecerse prestaciones personales o patrimoniales de carácter público con arreglo a la ley"*.

Éste es otro artículo del que podría hablarse hasta el infinito. En primer lugar, si la contribución de cada persona se hará *de acuerdo con su capacidad económica* no es fácil comprender como algunas personas, que no son despilfarradoras, que deben hacer equilibrios para llegar a fin de mes, tengan que pedir créditos para pagar sus impuestos.

Desde luego no parece que estemos hablando de un sistema tributario justo y aún menos que se inspire en principios de igualdad y progresividad, salvo que algunas personas sean "más iguales y progresivas" que otras.

Por otro lado no se entiende bien el párrafo en el que dice que el sistema tributario "en ningún caso tendrá carácter confiscatorio" cuando, por otro lado, te embargan las cuentas bancarias. Y esto es un hecho.

En primer lugar se exige, estés o no de acuerdo, el pago de lo que se te demanda. Luego, **después de pagar**, podemos pedir las explicaciones o reclamaciones oportunas. Si no estamos de acuerdo con determinado pago y antes de proceder al mismo escribimos exponiendo los motivos no hay que creer que si no se recibe respuesta es que se han aceptado tales. El "silencio administrativo" significa denegación. Claro que habría que decir que en lugar de dirigirnos el escrito alegando que no aceptan las explicaciones, podemos encontrar que el tal silencio administrativo no es tal, pues pueden contestarnos a través del **Boletín Oficial del Estado**[26] y en cualquier momento, cuando menos lo esperemos, puede aparecer en nuestro domicilio una **notificación de embargo**. Esta acción no puede ser más confiscatoria.

¿Quién lee o espera recibir respuesta a un escrito a través del BOE (Boletín Oficial del Estado)? Es preciso poner en orden todo este galimatías. Existen múltiples casos que ponen de manifiesto los que sólo se pueden denominar como "excesos de la Administración" que lo es del Estado —de nosotros—, y no es al revés: el **Estado de la Administración**. Pues así es como opera.

En primer lugar, un sistema justo sería aquel que "avisase con dos años" del procedimiento tributario que se llevaría a cabo. La razón es obvia: si el año que viene se recaudan los impuestos que corresponden a éste y no nos indican cuales son las cantidades a pagar con un año de antelación, durante todo este año hemos perdido las posibilidades de desgravación que sabidas de antemano nos permitieran (dentro de la ley) no sólo una mejor planificación de gastos e ingresos sino un beneficio porque las cantidades que, en definitiva, tendríamos que pagar nos proporcionarían un interés (cantidad de dinero) o una desgravación (pagar algo menos) si se invierten en determinados sitios cuando sabes cuáles son.

En segundo lugar. Antes de que lleguemos a percibir nuestro salario mensual ya existen *retenciones por adelantado*. La Administración en consecuencia está utilizando nuestro dinero en lugar de administrárnoslo nosotros y percibir algún beneficio de esas cantidades que después, a la hora de pagar los impuestos, no aparecen beneficiadas por ningún interés pese a haber sido *confiscadas a priori*.

Tercero: no parece lógico que debas pagar por adelantado algo con lo que además no estás conforme y luego tengas que dar paso a reclamaciones y devoluciones. Si la Administración no se fía de los ciudadanos no parece que exista razón alguna para que la ciudadanía se fíe de la Administración. Máxime en la forma en la que la llevan y que tampoco se caracteriza por su amabilidad con sus pagadores: el soberano pueblo. Tampoco se caracteriza por su carácter de servicio

---

[26] Este boletín debería ser facilitado individualmente a cada persona. Entre otras cosas porque si el desconocimiento del derecho no exime de su cumplimiento, es obvio que ha de facilitarse el mismo y hoy día existen numerosos medios para su difusión. Por lo regular y debido a su lenguaje técnico, no está al alcance de la comprensión del gran público.

a la ciudadanía sino más bien por su obstruccionismo: lentitud, poner dificultades a todo, complicar los trámites más sencillos y dar dos vueltas más a lo mismo abusando de tu tiempo presencial en detrimento de las personas que trabajan y han de solicitar constantes permisos.

Cuarto: no se explica de dónde se ha podido sacar la Administración que el **silencio administrativo** deba interpretarse como denegación. Porque entre otras cosas todo el mundo lo interpreta al revés, y mucho menos que esperes respuesta pública a un escrito privado.

Para empezar, contestar con el silencio es una **falta de respeto** y en segundo lugar; contestar mediante el Boletín es una **indefensión** al ciudadano pues si la ley es obligatoria y su desconocimiento no nos exime de su cumplimiento, y si por otro lado el vehículo oficial es el BOE ¿por qué no se distribuye gratuitamente a todos los obligados? Esto es: a todos los españoles y residentes vinculados a las leyes españolas.

Artículo 47 — *"Todos los españoles tienen derecho a disfrutar de una vivienda digna y adecuada. Los poderes públicos promoverán las condiciones necesarias y establecerán las normas pertinentes para hacer efectivo este derecho, regulando la utilización del suelo de acuerdo con el interés general para impedir la especulación. La comunidad participará en las plusvalías que genere la gestión urbanística de los entes públicos"*.

Este Artículo, de gran importancia, debería suprimirse por la ironía y el desprecio de los poderes públicos a la ciudadanía. Es una absoluta falta de respeto por su parte dada la realidad de la situación.

La Constitución española vigente garantiza a todos los españoles una vivienda digna. Ordena, por otro lado, a los poderes públicos la elaboración de normas que regulen e impidan la especulación del suelo.

Pues bien, como es evidente, transcurridos diez años de vigencia[27] de la actual Constitución no se han realizado más que tímidos intentos en el primer caso y en el segundo, si tomamos el caso puntual de una vivienda en Madrid-ciudad, comprobaremos que no sólo se ha hecho caso omiso del mandato, sino que las posibilidades de adquisición de una vivienda en compra o alquiler han quedado reducidos a muy pocos bolsillos pues hay que tener presente la relación salario/compra o alquiler y no son coincidentes.

---

[27] Situación que ha ido empeorando progresivamente con el tema de los desahucios sin que verdaderamente se hayan adoptado medidas satisfactorias.

El derecho a una vivienda es sin lugar a dudas un derecho básico que inexplicablemente no se recoge como fundamental. Si alguien carece de vivienda se colisionan otros derechos y éstos sí que son fundamentales como: la vida, la salud, el desarrollo íntegro de la persona.

La alusión a que la vivienda sea digna, lejos de reforzar la garantía, vacía en parte el contenido. En definitiva, una vivienda por denominación no ha de entenderse como una "sobrevivienda" en el sentido de "para sobrevivir" en un techo. Una vivienda quiere decir exactamente: un lugar donde "se pueda vivir" y un lugar así debe estar dotado, necesariamente, de una serie de servicios mínimos, de unas condiciones mínimas de habitabilidad: ausencia de humedades, instalaciones de luz, cuartos de aseo, habitaciones suficientes para albergar a los habitantes, ventilación, etcétera, y por supuesto que sea asequible a aquello que se pueda pagar: que estén en parte **protegidos por ley los precios** de compras y alquileres fijando sus máximos. Los lujos son otra cuestión. A partir de este momento, los poderes públicos sí estarían cumpliendo su mandato constitucional al facilitar tal acceso.

Pretender que sin estos servicios mínimos se esté hablando de una vivienda "digna" es pretender manipular el entendimiento ciudadano. La vivienda que tenga una dotación como la expuesta es simplemente eso: **una vivienda**. Lo demás no es tal.

La especulación del suelo es absolutamente demencial. De hecho es demencial el incremento constante de los precios de las viviendas. Cualquier ciudadano medio (ya no hablo de las lamentables cifras cada vez mayores de ciudadanos que han quedado reducidos a la pobreza) puede optar entre dos soluciones si desea alquilar o comprar vivienda propia:

1 — Abonar más del 75% de su sueldo sólo para procurarse la "digna vivienda garantizada". El resto, incluidos conceptos de alimentación, ropa, colegios —si no ha habido suerte y no encuentra plaza en un colegio público, y de haberlo encontrado queda el capítulo de libros y material escolar diverso que se piden a lo largo del curso— y luego los gastos "fijos" imprescindibles: luz, gas, teléfono, agua.

2 — Comprar una vivienda. En este caso el ciudadano medio que se aventura debe ir a vivir casi a otra ciudad si quiere cubrir los importes de la hipoteca que ha de pagar además de los gastos fijos imperdonables ya mencionados así como el capítulo aterrador de los traslados que implican pérdida de sueño y vida para asistir a sus trabajos y obligaciones. Ahora, es verdad que tiene una ventaja. La persona que compra "su digna vivienda" tendrá más beneficios como son las desgravaciones fiscales por los intereses de la hipoteca

que la persona que "tira a la basura" el casi mismo importe para pagar un alquiler porque, aunque la incongruencia sea absoluta, aunque la Constitución lo único que pretendía era garantizar a las personas con mayores dificultades económicas la posibilidad de vivir en alguna parte y que los alquileres son similares al pago de hipotecas, el resultado ha sido el siguiente.

Los poderes públicos, al menos los actuales, han permitido que se vean mucho más favorecidas las personas que en principio, tenían menos necesidades, condenando a situaciones absolutamente indignas a una mayoría de ciudadanos.

Un apunte clave: tomando datos del emplazamiento de algunas viviendas, su precio se ha elevado al **429%** en los últimos años (7.000.000 Pesetas en 1981 a 30.000.000 en 1988 y continua *creciendo* – equivalencia en Euros €42.070,847 pasando a €180.303,631).

Artículo 56 — *"1º— El Rey es el Jefe de Estado, símbolo de su unidad y permanencia, arbitra y modera el funcionamiento regular de las instituciones, asume la más alta representación del Estado Español en las relaciones internacionales, especialmente con las naciones de su comunidad histórica y ejerce las funciones que le atribuyen expresamente la Constitución y las leyes. 2º— Su título es el de Rey de España y podrá utilizar los demás que correspondan a la Corona. 3º— La persona del Rey es inviolable y no está sujeta a responsabilidad. Sus actos estarán siempre refrendados en la forma establecida en el artículo 64, careciendo de validez sin dicho refrendo, salvo lo dispuesto en el artículo 65.2".*

Artículo 57 — *"1º— La Corona de España es hereditaria en los sucesores de S.M. Don Juan Carlos I de Borbón, legítimo heredero de la dinastía histórica. La sucesión en el trono seguirá el orden regular de primogenitura y representación siendo preferida siempre la línea anterior a las posteriores, en la misma línea, el grado más próximo al más remoto, en el mismo grado, el varón a la mujer, y en el mismo sexo la persona de más edad a la de menos. 2º — El Príncipe heredero, desde su nacimiento o desde que se produzca el hecho que origine el llamamiento, tendrá la dignidad de Príncipe de Asturias y los demás títulos vinculados tradicionalmente al sucesor de la Corona de España. 3º— Extinguidas todas las líneas llamadas en Derecho, las Cortes Generales proveerán la sucesión en la Corona en la forma que más convenga a los intereses de España. 4º— Aquellas personas que teniendo derecho a la sucesión en el trono contrajeran matrimonio contra la expresa prohibición del Rey y de las Cortes Generales, quedarán excluidas en la sucesión a la Corona por sí y sus descendientes. 5º— Las abdicaciones y renuncias y cualquier duda de hecho o de derecho que ocurra en el orden de Sucesión a la Corona se resolverán por una Ley Orgánica".*

La Corona viene regulada en la Constitución en los Artículos comprendidos entre el 56 al 65.

La Monarquía **legítima**, desde la promulgación de la vigente Constitución, de nuevo en España, es parlamentaria. Si se ha puntualizado la palabra legítima es para señalar que, tras la abdicación de Alfonso XIII, España se convierte en una República también legítima; sin que pueda hablarse de legitimidad dinástica Borbónica hasta que, transferida la soberanía al pueblo, otorgó mediante la Constitución, de nuevo, la legitimidad dinástica y sucesora a S.M. don Juan Carlos de Borbón y sucesores. Sólo a partir de la Constitución se puede hablar propiamente de legitimidad de la actual monarquía.

La Jefatura del Estado la ostenta el Rey; así como la más alta representación del Estado. Pues bien, ateniéndonos a lo que significa **monarquía parlamentaria**, las atribuciones del rey, como es nuestro caso, son puramente simbólicas. Esto significa que el Rey no tiene potestad alguna o, en otras palabras: **sólo está autorizado** a hacer aquello que le permitan la Constitución y las leyes que elabora el Parlamento. El Rey está *sujeto absolutamente a la Constitución y resto del ordenamiento*. Es decir: podría considerarse una **Jefatura de Honor**, pero nunca ejecutiva.

Mencionemos un ejemplo: en esta monarquía parlamentaria, si al Rey se le presenta a la firma una ley que considera injusta **deberá firmarla**, aunque no acepte el contenido, dado que esa ley es legítima por haber sido aprobada por el Parlamento. Si el Rey se niega, aunque no es factible porque en ningún modo le interesaría, *puede verse obligado a hacerlo*. Baste señalar lo que se comentaba sobre la legitimidad de la monarquía, que sólo empieza a serlo desde que se promulga la Constitución, pero como monarca parlamentario: el Rey **no puede** tomar decisiones contra la decisión del gobierno o del Parlamento.

Artículo 58 — *"La Reina consorte o el consorte de la Reina no podrán asumir funciones Constitucionales, salvo lo dispuesto para la Regencia".*

Está clara en nuestra Constitución la *abolición de la Ley Sálica*[28] pues hace expresa referencia al "consorte de la Reina".

No se ha mencionado con anterioridad, pero contraviniendo el principio de Igualdad y en este caso por razón de sexo, se da preferencia en la misma línea al varón que a la mujer. Pudo ser por los condicionantes del momento de la creación

---

[28] Ley de orígenes francos salios, de donde toma su nombre, que impedía que las mujeres pudieran ser reinas.

de la Constitución pero este contenido debe suprimirse al ser claramente inconstitucional por aparejar una discriminación por razón de sexo.

Artículo 59 — *"1º— Cuando el Rey fuere menor de edad, el padre o la madre del Rey y, en su defecto, el pariente mayor de edad más próximo a suceder en la Corona, según el orden establecido en la Constitución, entrará a ejercer inmediatamente la Regencia y la ejercerá durante el tiempo de la minoría de edad del Rey. 2º— Si el Rey se inhabilitara para el ejercicio de su autoridad y la imposibilidad fuere reconocida por las Cortes Generales, entrará a ejercer inmediatamente la Regencia el Príncipe heredero de la Corona si fuere mayor de edad. Si no lo fuere, se procederá de la manera prevista en el apartado anterior, hasta que el Príncipe heredero alcance la mayoría de edad. 3º— Si no hubiere ninguna persona a quien corresponda la Regencia, ésta será nombrada por las Cortes Generales y se compondrá de una, tres o cinco personas. 4º— Para ejercer la Regencia es preciso ser español y mayor de edad. 5º— La Regencia se ejercerá por mandato constitucional y siempre en nombre del Rey".*

Artículo 60 — *"1º— Será tutor del Rey menor la persona que en su testamento haya nombrado el Rey difunto, siempre que sea mayor de edad y español de nacimiento; si no lo hubiese nombrado, será tutor el padre o la madre, mientras permanezcan viudos. En su defecto, lo nombrarán las Cortes Generales, pero no podrán acumularse los cargos de Regente y de tutor sino en el padre, madre, o ascendientes directos del Rey. 2º— El ejercicio de la tutela es también compatible con el de todo cargo o representación política".*

Artículo 61 — *"1º— El Rey, al ser proclamado ante las Cortes Generales, prestará juramento de desempeñar fielmente sus funciones, guardar y hacer guardar la Constitución y las leyes y respetar los derechos de los ciudadanos y de las Comunidades Autónomas. 2º— El Príncipe heredero, al alcanzar la mayoría de edad, y el Regente o Regentes al hacerse cargo de sus funciones, prestarán el mismo juramento así como el de fidelidad al Rey".*

El Artículo 59-2º indica *"Si el Rey se inhabilitara para el ejercicio de su autoridad y la imposibilidad fuere reconocida por las Cortes Generales, entrará a ejercer inmediatamente la Regencia el Príncipe heredero de la Corona".* ¿Significa esto que hasta la muerte de su padre su condición es de Regente y no de Rey? Esto es lo que señala la Constitución aunque en la práctica se supone asume todos los exactos poderes.

En el Artículo 60-2º se señala que *el Rey nombra en su testamento al tutor del Rey menor de edad.* Esto es un problema, si el testamento es un acto **personalísimo**, no es menos cierto que en nuestra Constitución se dice que todos los poderes emanan del pueblo soberano y son conferidos por la Constitución. Si por otro lado el Rey requiere el refrendo para todos sus actos, esa designación no puede resultar una *designación contra el pueblo* de donde emanan sus propios poderes. El Rey no es un padre cualquiera y una decisión semejante no se puede considerar *asunto personalísimo*, se trata por el contrario de una decisión de gran trascendencia política. Cabe esperar, dado el carácter de *monarquía parlamentaria* que se trate de una gentileza a la hora de hacer la mención en el texto pero que nunca debe interpretarse literalmente.

Artículo 62 —"Corresponde al Rey: (a) Sancionar y promulgar las leyes; (b) Convocar y disolver las Cortes Generales y convocar elecciones en los términos previstos en la Constitución; (c) Convocar a referéndum en los casos previstos en la Constitución; (d) Proponer el candidato a Presidente de Gobierno y en su caso, nombrarlo, así como poner fin a sus funciones en los términos previstos en la Constitución; (e)Nombrar y separar a los miembros del gobierno, a propuesta de su Presidente; (f) Expedir los decretos acordados en el Consejo de Ministros, conferir los empleos civiles y militares y conceder honores y distinciones con arreglo a sus leyes; (g) Ser informado de los asuntos de Estado y presidir, a estos efectos, las sesiones del Consejo de Ministros, cuando lo estime oportuno, a petición del presidente del gobierno; (h) El mando supremo de las Fuerzas Armadas; (i) Ejercer el derecho de gracia con arreglo a la ley, que no podrá autorizar indultos generales; (j) El Alto Patronazgo de las Reales Academias".

No cabe el engaño respecto a las funciones conferidas al Rey en este Artículo. Su redacción, en particular en los apartados (c), (e), y (h) parecen otorgar cierto poder de decisión al monarca. Se hizo así por inercia, por deferencia, pero:

(c) Convocará a referéndum no cuando estime sino cuando sea invitado a hacerlo por el Gobierno. Digamos que "presta" su figura para estas funciones. Un Presidente de Gobierno podrá cambiar o no como resultado de unas elecciones. El Jefe de Estado es **permanente** y ello otorga cierta estabilidad a un sistema. Ésta es la razón por la que determinados actos se realizan por el Jefe de Estado; ahora bien, las **decisiones** las *toma el jefe del gobierno, es decir: el Presidente del Gobierno.*

(e) La propuesta no es tal. Se trata de una fórmula de cortesía el decir que el Rey nombrará y cesará sin más a los miembros del gobierno, pero a aquellos que *decida el Presidente del Gobierno.*

(h) Mando Supremo hay que entenderlo como *Cabeza de Honor,* simplemente, sin fuerza efectiva alguna.

Es preciso señalar que, toda vez que todos sus actos son refrendados y con ellos, sus discursos, cuando Su Majestad se dirigió a las Fuerzas Armadas antes de celebrarse el referéndum de la OTAN —lo que en modo alguno cabe en este tipo de monarquía— y señalándose como Monarquía con Legitimidad Dinástica (que dejó de serlo con la abdicación de Alfonso XIII) sólo cabe censurar al Gobierno que pasó por alto esa parte del discurso.

Artículo 63 — *"1º El Rey acredita a los embajadores y otros representantes diplomáticos. Los representantes extranjeros en España están acreditados ante él. 2º— Al Rey corresponde manifestar el consentimiento del Estado para obligarse internacionalmente por medio de tratados, de conformidad con la Constitución y las leyes. 3º— Al Rey corresponde previa autorización de las Cortes Generales, declarar la guerra y hacer la paz".*

Observamos que parece que el Rey "representa" al Estado con capacidad plena pero, como sabemos, ni se trata de su consentimiento ni es suya la decisión de declarar la guerra ni la paz.

Efectivamente: el Rey tiene **la más alta representación**, pero no es la única.

Artículo 64 — *"1º— Los actos del Rey serán refrendados por el Presidente de Gobierno y en su caso, por los ministros competentes. La propuesta y el nombramiento del Presidente de Gobierno y la disolución prevista en el Artículo 99 serán refrendados por el Presidente del Congreso. 2º— De los actos del Rey serán responsables las personas que los refrenden".*

Con este Artículo se disipan todas las posibles dudas. Sus facultades, como puede observarse, quedan reducidas a **la influencia**. Salvo las atribuciones que tenga conferidas por las leyes pero nunca podrá acometer acciones de Gobierno y aún menos cuando todos sus actos han de estar refrendados, es decir: revisados por un miembro del Gobierno quien, a la postre, será el responsable de los actos del monarca.

Artículo 65 — *"1º— El Rey recibe de los Presupuestos del Estado una cantidad global para el sostenimiento de su Familia y Casa, y distribuye libremente la misma. 2º— El Rey nombra y releva libremente a los miembros civiles y militares de su Casa".*

Tiene cierta libertad en algunos ámbitos como la elección de los miembros de su Casa Real, por ejemplo. Sin embargo y recordando el 23-F[29], ni siquiera en este caso debería tener una libertad absoluta.

---

[29] Intentona de Golpe de Estado protagonizada por el Coronel Tejero.

TÍTULO III
DE LAS CORTES GENERALES – CAPÍTULO I

Artículo 66 — *"1º—Las Cortes Generales representan al pueblo español y están formadas por el Congreso de los Diputados y el Senado. 2º— Las Cortes Generales ejercen la potestad legislativa del Estado, aprueban sus Presupuestos, controlan la acción del Gobierno y tienen las demás competencias que les atribuya la Constitución. 3º— Las Cortes Generales son inviolables".*

Artículo 67 — *"1º— Nadie podrá ser miembro de las dos Cámaras simultáneamente, ni acumular el acta de una Asamblea de Comunidad Autónoma con la de Diputado al Congreso. 2º— Los miembros de las Cortes Generales no estarán ligados por mandato imperativo. 3º— Las reuniones de Parlamentarios que se celebren sin convocatoria reglamentaria no vincularán a las Cámaras, y no podrán ejercer sus funciones ni ostentar sus privilegios".*

Artículo 68 — *"1º— El Congreso se compone de un mínimo de 300 y un máximo de 400 Diputados, elegidos por sufragio universal, libre, igual, directo y secreto, en los términos que establezca la ley. 2º— La circunscripción electoral es la provincia. Las poblaciones de Ceuta y Melilla estarán representadas cada una de ellas por un Diputado. La ley distribuirá el número total de Diputados, asignando una representación mínima inicial a cada circunscripción y distribuyendo los demás en proporción a la población. 3º— La elección se verificará en cada circunscripción atendiendo a criterios de representación proporcional. 4º— El Congreso es elegido por cuatro años. El mandato de los Diputados termina cuatro años después de su elección o el día de la disolución de la Cámara. 5º— Son electores y elegibles todos los españoles que estén en pleno uso de sus derechos políticos. La ley reconocerá y el Estado facilitará el ejercicio del derecho de sufragio a los españoles que se encuentren fuera del territorio de España. 6º— Las elecciones tendrán lugar entre los treinta días y sesenta días desde la terminación del mandato. El Congreso electo deberá ser convocado dentro de los veinticinco días siguientes a la celebración de las elecciones".*

Aspectos a comentar en el Artículo 66 son, fundamentalmente: nuestro Parlamento o Cortes Generales, se compone de dos cámaras, que son el Congreso y el Senado. En cada una de ellas están los *representantes de todo el pueblo español* y se reitera que representan a **todo el pueblo** y no sólo a sus votantes. Se llama diputado al representante del Congreso, y senador al representante del Senado.

Sí, como hemos dicho, cada uno representa a todo el pueblo, ¿por qué hay dos Cámaras? Existe una razón histórica que atribuye al Senado (o Cámara Alta) la Cámara de los aristócratas las virtudes de ponderación, de freno necesario al exaltado Congreso (Cámara Baja) en su representación del pueblo.

Todo tendría su influencia en el momento de adoptar una decisión respecto a la existencia de una o dos Cámaras pero, además, el momento histórico era entonces un tanto frágil y ello aconsejaba la inclusión del Senado saliendo al paso de polémicas, calificando a éste como Cámara Territorial; lo que no se sostiene porque tanto diputados como senadores representan a "todo el pueblo" y por ello la cuestión territorial es más que discutible. De esto se hará mención con posterioridad.

Otra cuestión importante se encuentra en el Artículo 67-2º en el que dice que nuestros representantes no están sujetos por **mandato imperativo**. En definitiva, que *ni siquiera quedan sujetos al programa* que hizo que nosotros, el pueblo soberano, otorgáramos nuestro voto en su día para su cumplimiento. La única posible sanción es cambiar el voto en las siguientes elecciones. Lo que viene a denominarse "voto de castigo". Todo es, en efecto, una cuestión de matiz.

Una cosa es que por fuerza mayor no hubieran podido cumplir sus promesas electorales, en cuyo caso hay que *demostrar tal imposibilidad* y rendir cuentas al pueblo soberano por un mínimo de respeto, y otra muy diferente es engañar con falsas promesas electorales que sólo cabe entender como **fraude electoral** y *debería arbitrarse un procedimiento* al respecto que no está contemplado; sobre todo si el partido tiene una fuerza tal que impide a otros partidos en la oposición toda acción de presión para obligar a su cumplimiento.

Es evidente que una **moción de censura** tiene poca fuerza y, normalmente, contra un partido mayoritario saldrá siempre derribada, dado que tanto dentro del arco parlamentario del Congreso y el Senado: el gobierno está representado mayoritariamente en ambas cámaras y a esto debe unirse la disciplina de partido.

El Artículo 68 se refiere a la duración del mandato que conocemos por *legislatura* y a los procedimientos de elección. Lo más destacable en nuestro sistema electoral es que siempre saldrán más favorecidos los partidos con más fuerza tendiendo al bipartidismo.

Como en tantas cosas, adquirir educación política en democracia es absolutamente imprescindible. El problema fundamental estriba en ignorar todos estos detalles cuando el voto se introduce en una urna.

En una lista cerrada no se puede señalar ningún nombre, aunque tengas preferencia (por conocer su trayectoria personal, por las razones que fueren) por alguna de las personas que se incluyen en el listado y se marca la papeleta con el resultado que tal voto es nulo.

Esos votos nulos, los votos en blanco, las abstenciones que en la mayoría de los casos se producen porque las personas así quieren demostrar su rechazo al sistema, para lo único que van a servir es para prestar mayor apoyo al partido o que ha hecho posible su desencanto pues será el que recoja el voto con el agravante de que se encontrará "legitimado" para volver a gobernar. No es que existan muchas soluciones pero es grave no participar en este momento.

La decisión de voto es peligrosa y desde luego, también lo es no votar, generar un voto nulo o votar en blanco. Siempre es mejor recurrir a cualquier otra opción.

Artículo 69 — *"1º— El Senado es la Cámara de representación territorial. 2º— En cada provincia se elegirán cuatro Senadores por sufragio universal, libre, igual, directo y secreto por los votantes de cada una de ellas, en los términos que señale una ley orgánica. 3º— En las provincias insulares, cada isla o agrupación de ellas, con Cabildo o Consejo Insular, constituirá una circunscripción a efectos de elección de Senadores, correspondiendo tres a cada una de las islas mayores -Gran Canaria, Mallorca y Tenerife- y uno a cada una de las siguientes islas o agrupaciones: Ibiza-Formentera, Menorca, Fuerteventura, Gomera, Hierro, Lanzarote y La Palma. 4º— Las poblaciones de Ceuta y Melilla elegirán cada una de ellas dos Senadores. 5º— Las Comunidades Autónomas designarán además un Senador y otro más por cada millón de habitantes de su respectivo territorio. La designación corresponderá a la Asamblea legislativa o, en su defecto, al órgano colegiado superior de la Comunidad Autónoma, de acuerdo con lo que establezcan los Estatutos, que asegurarán, en todo caso, la adecuada representación proporcional. 6º— El Senado es elegido por cuatro años. El mandato de los Senadores termina cuatro años después de su elección o el día de la disolución de la Cámara".*

La puntualización hecha en relación con nuestros representantes en el Congreso —diputados— no es igual que en el caso del Senado. En este caso sí hay que señalar quienes son los elegidos por nosotros.

Se ha comentado antes la inexactitud de su denominación como Cámara Territorial. Ahora bien, sí es cierto que en este caso se atiende al número de personas, lo que no sucede en el caso del Congreso, con lo que existe una mayor proporcionalidad.

Pese a sus pretendidas funciones como Cámara Territorial y aunque parece tener alguna fuerza respecto a las Comunidades Autónomas, no nos engañemos. Su práctica no conduce a nada por la sencilla razón de que aun oponiéndose a cualquier ley del Congreso (y ésta sería la misión del Senado), su veto no es definitivo. Como mucho suspende durante un tiempo el que esa ley salga a la luz. El Congreso tiene el más absoluto protagonismo con lo que el Senado a menos que exista una reforma constitucional es una cámara "de lujo" o residual, tal como está ahora configurado.

Si a ello añadimos el gasto superfluo que supone la existencia de la propia cámara aparte de los sueldos de los senadores y el personal, hay que añadir algo que roza de nuevo el mayor esnobismo: la traducción simultánea en los cuatro idiomas del país a los senadores cuando existe una lengua común. España no está para tantos despilfarros inútiles.

CAPÍTULO II – DE LA ELABORACIÓN DE LAS LEYES

Artículo 81 — *"1º— Son leyes orgánicas las relativas al desarrollo de los derechos fundamentales y de las libertades públicas, las que aprueben los Estatutos de Autonomía y el régimen electoral general y las demás previstas en la Constitución. 2º— La aprobación, modificación o derogación de las leyes orgánicas exigirá mayoría absoluta del Congreso, en una votación final sobre el conjunto del proyecto".*

Las Leyes Orgánicas se caracterizan por exigir para su aprobación una mayoría especial. Mayoría absoluta[30] en el Congreso en una votación final de conjunto. Si el Senado rechaza o veta una de estas leyes, cuando vuelva al Congreso sólo será necesaria para su aprobación la mayoría absoluta en primera y segunda votación. De ahí la inutilidad del Senado.

Las otras leyes reservadas Constitucionalmente a Ley Orgánica son:

- Institución del Defensor del Pueblo;
- Sucesión a la Corona;
- Iniciativa Popular Legislativa (Véase Artículo 87);
- Referéndums;
- Conclusión de Tratados Internacionales;
- Fuerzas Armadas;
- Consejo de Estado (Supremo órgano consultivo del Gobierno);
- Estados de Alarma, Excepción y Sitio;
- Poder Judicial;
- Alteraciones en límites provinciales;
- Tribunal Constitucional;
- Legitimados para interponer Recursos de Inconstitucionalidad;
- Reforma Constitucional (sometida a Referéndum)

Artículo 86 — *"1º— En caso de extraordinaria y urgente necesidad, el Gobierno podrá dictar disposiciones legislativas provisionales que tomarán la forma de Decretos-leyes y que no podrán afectar al ordenamiento de las instituciones básicas del Estado, a los derechos, deberes y libertades de los ciudadanos regulados en el Título I, al régimen de las Comunidades Autónomas ni al Derecho electoral general. 2º— Los Decretos-leyes deberán ser inmediatamente sometidos a debate y votación de totalidad al Congreso de los Diputados, convocado al efecto si no estuviere reunido, en el plazo de los treinta días siguientes a su promulgación. El Congreso habrá de pronunciarse expresamente dentro de dicho plazo sobre su convalidación o derogación, para lo cual el reglamento establecerá un procedimiento*

---

[30] La mitad más un diputado. Una cifra difícil de conseguir, por cierto. La mayoría simple: ganaría la opción que tuviera más votos que las demás.

especial y sumario. 3º— Durante el plazo establecido en el apartado anterior, las Cortes podrán tramitarlos como proyectos de ley por el procedimiento de urgencia".

Legislar es una función reservada por la Constitución a nuestras Cortes Generales. Los Decretos Leyes, por eso, deben obedecer a cuestiones urgentes y de necesidad probada. Por eso, además, son temporales. Sólo el tiempo necesario para que el Congreso tome las riendas del asunto. Esto pretende evitar que en determinados casos no se adopten medidas de urgencia pero entendiendo siempre que ésta sería una situación de excepción. Los Decretos Leyes, dado su carácter urgente, difícilmente podrán afectar a Instituciones del Estado ni a otras excepciones que se mencionan en este mismo artículo que sustrae, en consecuencia, la posibilidad al Gobierno de incidir en estas materias mediante estos Decretos que no son en modo alguno un cheque en blanco.

Artículo 87 —*"1º— La iniciativa legislativa corresponde al Gobierno, al Congreso y al Senado, de acuerdo con la Constitución y los Reglamentos de las Cámaras. 2º— Las Asambleas de las Comunidades Autónomas podrán solicitar del Gobierno la adopción de un proyecto de ley o remitir a la Mesa del Congreso una proposición de ley, delegando ante dicha Cámara un máximo de tres miembros de la Asamblea encargados de su defensa. 3º— Una ley orgánica regulará las formas de ejercicio y requisitos de la iniciativa popular para la presentación de proposiciones de ley. En todo caso se exigirán no menos de 500.000 firmas acreditadas. No procederá dicha iniciativa en materias propias de ley orgánica, tributarias o de carácter internacional, ni en lo relativo a la prerrogativa de gracia".*

En cuanto a quién está capacitado para la iniciativa legislativa, observamos que el protagonismo lo tienen el Gobierno, el Congreso y el Senado y se concede también bastante importancia a las Comunidades Autónomas.

Ahora bien, fijémonos en la iniciativa del pueblo que es el soberano entre otras cosas, y comprenderemos aún más claramente la urgente necesidad de educar políticamente al pueblo e impedir que nosotros mismos introdujéramos un gol en nuestra propia portería si hablásemos de fútbol.

Repasemos el Artículo 81 y confrontémoslo con éste. ¿Qué se observa? El pueblo más que soberano es un pueblo técnicamente vacío de poderes pues no tiene la menor relevancia política salvo con su voto en elecciones.

En este Artículo en el Apartado 3º podemos ver que el pueblo soberano tiene una iniciativa legislativa que podría decirse está ahogada antes de iniciarse. En primer lugar se reserva a Ley Orgánica la forma de ejercicio y sus requisitos. Esto es un atropello pues, además, no puede haber iniciativa popular legislativa en materia de Ley Orgánica. Primer gol, y con difícil solución.

En segundo lugar se requieren 500.000 firmas. Esto es un colectivo que de reunirse es lo suficientemente importante como para que sea tomado en cuenta. Pero lo peor es que los requisitos de su ejercicio se aproximan a la burla. La ley se aprobará en el Congreso y por el procedimiento de las enmiendas podría dar el resultado que entre la iniciativa original y lo que después apareciera como ley no tuvieran nada que ver, o bien que hubieran "desaparecido" del texto legal aspectos muy importantes que precisamente dieron origen a tal iniciativa. Nuevo gol.

Si todo hubiese quedado así ya era más que suficiente para que con el trámite del paso por el Parlamento se hubiese vetado a conciencia la enmienda pero aún hay más.

Este Artículo indica que no hay la menor posibilidad de que se produzca una iniciativa popular legislativa en lo siguiente.

- Materias propias de Ley Orgánica;
- Materias Tributarias;
- Materias de carácter internacional;
- Prerrogativa (Derecho) de gracia.

Esto es realmente serio. Sólo cabe preguntarse: ¿Qué significa la ciudadanía, el pueblo soberano, para los poderes públicos? La respuesta es deprimente.

Haciendo el enunciado de las cuestiones por las que el pueblo soberano no puede tomar iniciativas populares legislativas, el veto parece ser escaso. El problema es que afecta a temas muy graves.

La **materia tributaria** no sólo tiene interés directo para la ciudadanía sino que es vital. En particular si el ciudadano no puede reclamar justicia si la tal materia provoca u origina sinrazones de tamaño mayúsculo como: menores tributaciones de las personas que aún tengan bienes para poder invertirlos y no sólo desgravan sino que obtienen numerosos beneficios, que tengan ínfimas tributaciones aquellos que pueden entrar en la SICAV[31] mientras el peso del fisco cae mayoritariamente sobre una clase media cada vez más empobrecida, que muchas personas para responder al fisco se vean obligadas a demandar créditos o a pagar con tarjetas de crédito. Lo peor es que esta situación es sangrante en más de un sentido. No sólo *se favorece al que más tiene* sino que el Estado es patrocinador (nosotros mismos, por absurdo que parezca) con las emisiones de la **Deuda Pública** (Artículo 135).

Si el Estado necesita dinero emite tal deuda, de la que se hablará con posterioridad. Comoquiera que el Estado es quien a la postre contribuye al fomento de la desigualdad, lo que es absolutamente inadmisible en los tiempos actuales, sus poderes públicos deben arbitrar otras fórmulas si se pretenden garantizar todos los derechos que la Constitución ordena, pero haciéndolo bien.

Otro aspecto a tomar en cuenta es la imposibilidad de intervenir con materias internacionales. Hay que tener en cuenta que los Tratados Internacionales que firme España "formarán parte del Derecho español" y esto se

---

[31] Exige un capital mínimo de 2,4 millones de euros y tributa un 1% del capital. Pensado originariamente para impedir evasión de capitales mientras que los que no disponen de estas cantidades vienen sufriendo una grave presión impositiva. Esto no lo cambian.

hará sustrayendo al pueblo soberano de su conocimiento. Es más: la propia Constitución se ajustaría al Tratado, esto a pesar de la difícil reforma establecida. Un Tratado firmado que vulnerara alguno de los artículos de la Constitución obligaría a esta a su reforma una vez ratificado por España.

Para su aprobación se exigiría la presencia en el Congreso de nuestros representantes, cosa que no siempre se produce. La gravedad del tema es que por votación de los existentes, este tratado puede vulnerar nuestra Constitución. Lo que parece muy serio.

Lo auténticamente grave es la imposibilidad de **iniciativa popular legislativa** en materia de Ley Orgánica.

No olvidemos que tal como dice el **Artículo 81** son Leyes Orgánicas las relativas al Desarrollo de los Derechos Fundamentales y Libertades Públicas, las que aprueban los Estatutos de Autonomía, el Régimen Electoral General y "las demás" previstas en la Constitución.

Es absurdo pensar que la ciudadanía sea *ajena a sus propios derechos* fundamentales y libertades públicas. Podría haberse excluido toda iniciativa en detrimento de esos derechos y libertades pero, cortar iniciativas en esta materia, es casi como ignorar el objeto al que se defiende.

Del régimen electoral ya se ha dicho que dada la fórmula elegida, sólo se verán favorecidos los partidos muy implantados.

Cuando se refiere a "las demás leyes orgánicas previstas por la Constitución" nos estamos refiriendo a materias muy serias porque, como se indica en este Artículo 87-3º también quedaría fuera:

El Defensor del Pueblo — A quien precisamente se encomienda por las Cortes la función de defender a los ciudadanos contra los abusos de la Administración. El problema es que también *es elegido por nuestros representantes* y esto no parece serio, de hecho es bastante incongruente y otra forma de atropello. Precisamente en este caso la elección habría de ser directa. No hay que olvidar que todos nuestros representantes, si su grupo gana, podrían ser controlados por esta Institución y es posible que su elección no recayera en alguien "de confianza" del pueblo soberano por su trayectoria.

Sucesión a la Corona — Como ya se indicó es discriminatoria al preferir el varón a la mujer.

Iniciativa Popular Legislativa — Tampoco podemos en principio modificar las cosas y esta situación es realmente insostenible.

Referéndums — El pueblo soberano no está legitimado para instarlo lo que es una verdadera ironía. Dentro de éstos hay un referéndum que podría calificarse de insultante como es el **Referéndum Consultivo**. Cuando un pueblo soberano se pronuncia (en referéndum) sobre cualquier cuestión, su decisión es **vinculante** u obligatoria para todos. Tal como está concebido en nuestra Constitución es como si se realizara una encuesta, pese a que la propia Constitución establece en su artículo 92 que el Referéndum está reservado a "decisiones políticas de gran trascendencia" y por ello se somete a la opinión de toda la ciudadanía.

No cabe duda que la utilización de este referéndum por el PSOE respecto a nuestra integración en la OTAN fue para cubrirse de la eventualidad de una decisión contraria. No obstante fue una temeridad que hubiera puesto en juego toda la solvencia democrática si el resultado no era el previsto. Sencillamente, este referéndum debe desaparecer. Para esto ya existen empresas muy eficaces dedicadas a los sondeos.

Fuerzas Armadas — El pueblo soberano tampoco tendrá poder de decisión respecto a las Fuerzas Armadas aunque curiosamente están al servicio y sólo al servicio ciudadano. Pero la ciudadanía no tiene potestad en la utilización o en cómo ha de utilizarse su servicio.

Consejo de Estado — Es el órgano supremo consultivo del Gobierno. En cierto modo es comprensible que se intente excluir al pueblo en equivalencia y por el mismo motivo es el pueblo el que debe elegir a **su Defensor**.

Estados de Alarma, Excepción y Sitio — Evidentemente en este caso era difícil existiera una iniciativa popular pues indican la suspensión de una parte de los derechos y las libertades —lo que ya se excluía de la iniciativa popular— y no cabía esperar otra cosa.

Poder Judicial — Es paradójico que si la justicia emana del poder soberano del pueblo, éste no podrá después tomar iniciativas populares legislativas en cuestión de justicia. Especialmente la maltrecha justicia que hoy invade a nuestro país con una plaga de injusticias. Nada funciona peor que la Administración de Justicia en la actualidad y nadie parece querer o saber resolverlo ni se aceptan las ideas del pueblo a falta de otras mejores de sus representantes pues en este tema no se permite su intervención.

Al respecto hay que decir que el Fiscal no actúa siempre como poder represivo, muy al contrario, a veces garantiza el imperio de la Justicia esclareciendo muchos hechos e impulsando las actuaciones. Lo malo es que el aparato de Justicia está virtualmente en quiebra y en tanto no se solucione, poco podrá hacer el fiscal.

La lentitud, los aforamientos y muchas otras alteraciones existentes en los procesos, impiden una Justicia real y efectiva que tiene entre otras funciones la del control al Gobierno con el problema de que muchas veces es el Gobierno quien decide qué jueces estarán en tribunales claves por lo que el referido control se diluye.

También hay que decir que los daños cometidos por la Justicia contra cualquier ciudadano por error u otras causas, serán indemnizados por el Estado como responsable (Artículo 121).

El Tribunal Supremo es el órgano jurisdiccional superior en todo el territorio español (Artículo 123), no es posible por ello confundirlo con el Tribunal Constitucional pues éste, en realidad, es un tribunal político y podría incluirse con la reserva de una Sala dentro del Tribunal Supremo. El Tribunal Constitucional tiene como misión la interpretación del Texto Constitucional y declarar inconstitucionales las acciones o leyes que la vulneren y en esto sí tiene la última palabra. Nada más. Es totalmente incompetente en otras materias y como es evidente, no tiene ninguna autoridad frente al Tribunal Supremo.

Límites Provinciales — Las alteraciones en los límites provinciales también se regulan por ley orgánica y tampoco son susceptibles de ser objeto de iniciativas populares legislativas.

Legitimación para interponer Recurso de Inconstitucionalidad — Aparecen tasados en la Constitución; esto quiere decir que sólo las personas señaladas —órganos o instituciones— podrán interponer el recurso de Inconstitucionalidad y son los siguientes, según el Artículo 162: Presidente de Gobierno, Defensor del Pueblo, 50 diputados o 50 senadores, ciertos órganos de las Comunidades Autónomas o sus Asambleas.

Hay que señalar que este recurso es **sólo y exclusivamente para leyes** y está referido a éstas, no a las personas.

Como en los demás casos y al tratarse de una Ley Orgánica, no cabe la iniciativa popular pero además limita los poderes que pueden presentarlo.

Legitimación para interponer Recurso de Amparo — En este caso la iniciativa popular legislativa carece del interés legítimo al ser directo y no tiene entrada. Es justo.

Este recurso sólo es aplicable a las personas y pueden interponerlo: toda persona natural y jurídica que invoquen un interés legítimo por establecerse que algo está vulnerando sus derechos contraviniendo la Constitución, así como el Defensor del Pueblo y como se había indicado antes, el Ministerio Fiscal en su función protectora de la ciudadanía.

Reforma Constitucional — Era de esperar que se sustrajera a la iniciativa popular legislativa y no sólo por la cuestión de ser materia de Ley Orgánica sino porque, además, el procedimiento para reformar la Constitución Española es bastante rígido por la mayoría exigida (Artículos 166 a 169) y máxime si se trata de una revisión o reforma total que conlleva, incluso, la disolución de las Cámaras una vez aprobada la Revisión y a elegir nuevas Cámaras y en su caso, Cortes Constituyentes sobre todo si se trata de una reforma total.

---

[32] Este artículo incluye la segunda reforma constitucional promulgada el 27 de septiembre de 2011. B.O.E., núm. 233, de 27 de septiembre de 2011

Artículo 135[32] — *"1º— Todas las Administraciones Públicas adecuarán sus actuaciones al principio de estabilidad presupuestaria. 2º— El Estado y las Comunidades Autónomas no podrán incurrir en un déficit estructural que supere los márgenes establecidos, en su caso, por la Unión Europea para sus Estados Miembros. Una ley orgánica fijará el déficit estructural máximo permitido al Estado y a las Comunidades Autónomas, en relación con su producto interior bruto. Las Entidades Locales deberán presentar equilibrio presupuestario. 3º— El Estado y las Comunidades Autónomas habrán de estar autorizados por ley para emitir deuda pública o contraer crédito. Los créditos para satisfacer los intereses y el capital de la deuda pública de las Administraciones se entenderán siempre incluidos en el estado de gastos de sus presupuestos y su pago gozará de prioridad absoluta. Estos créditos no podrán ser objeto de enmienda o modificación, mientras se ajusten a las condiciones de la ley de emisión. El volumen de deuda pública del conjunto de las Administraciones Públicas en relación con el producto interior bruto del Estado no podrá superar el valor de referencia establecido en el Tratado de Funcionamiento de la Unión Europea. 4º— Los límites de déficit estructural y de volumen de deuda pública sólo podrán superarse en caso de catástrofes naturales, recesión económica o situaciones de emergencia extraordinaria que escapen al control del Estado y perjudiquen considerablemente la situación financiera o la sostenibilidad económica o social del Estado, apreciadas por la mayoría absoluta de los miembros del Congreso de los Diputados. 5º— Una ley orgánica desarrollará los principios a que se refiere este artículo, así como la participación, en los procedimientos respectivos, de los órganos de coordinación institucional entre las Administraciones Públicas en materia de política fiscal y financiera. En todo caso, regulará: (a) — La distribución de los límites de déficit y de deuda entre las distintas Administraciones Públicas, los supuestos excepcionales de superación de los mismos y la forma y plazo de corrección de las desviaciones que sobre uno y otro pudieran producirse. (b) — La metodología y el procedimiento para el cálculo del déficit estructural. (c) — La responsabilidad de cada Administración Pública en caso de incumplimiento de los objetivos de estabilidad presupuestaria. 6º— Las Comunidades Autónomas, de acuerdo con sus respectivos Estatutos y dentro de los límites a que se refiere este artículo, adoptarán las disposiciones que procedan para la aplicación efectiva del principio de estabilidad en sus normas y decisiones presupuestarias".*

Comoquiera que este Artículo sufrió una modificación en 2011, me he permitido al revisarlo en 2014 completar el mismo tal como es en la actualidad aunque los comentarios vinieran referidos al año 1988.

Deuda Pública — Cuando el Estado necesita dinero lo solicita mediante la emisión de Deuda Pública. Esto es: los españoles que invierten en Deuda Pública lo que hacen es comportarse como un banco porque el Estado lo devolverá en el plazo que se estime en la emisión pagando los correspondientes intereses y, como se mencionaba anteriormente, con la correspondiente desgravación. Ahora bien, el Gobierno necesitará para poder emitirla una Ley que lo permita.

¿Qué ventajas tiene esta emisión para el Estado? Si solicita este crédito al extranjero pagará mayores intereses los que abonaría por la misma razón a su ciudadanía incluyendo los beneficios fiscales. Visto así, parece una buena situación porque no "lesiona su patrimonio" pero, si este tema se enlaza con las garantías que también reconoce la Constitución en cuanto a la justa distribución y redistribución de la riqueza, la vivienda digna y muchas otras cuestiones pero, sobre todo teniendo en cuenta a la Igualdad como Principio informador, los poderes públicos no están obrando ateniéndose al espíritu de la Constitución, mucho más solidario y en esto no se atiene en absoluto a la Igualdad.

En primer lugar, es bueno para el Estado y por ello a los que lo conformamos el evitar recurrir al pago en divisas con altos intereses. Ahora bien, habrá que arbitrar sistemas a los que podamos *acudir todos*. Para ello es imprescindible, precisamente, modificar el sistema tributario.

El pago aplazado de impuestos ya denota en muchos casos la existencia de dificultades de pago. Las retenciones mensuales de los salarios son, o deberían ser consideradas una muestra de "crédito forzoso" pero sin interés y sin la menor desgravación lo que tiene mucho de confiscatorio y además resta el beneficio a quienes podrían invertirlo si dispusieran del dinero antes de la retención que se produce incluso con anterioridad a la percepción líquida del trabajo mensual.

Un segundo punto. Nadie habla de los alquileres ni de la especulación del suelo. ¿Dónde se encuentra entonces el Estado Social?

No cabe hablar de que el Estado pretenda respetar la libertad precisamente en este tema (la "vivienda digna" del Artículo 47), pero a menos que el Estado **tase los precios** a los que tendrán que ajustarse los alquileres y ventas de pisos según zona, metros cuadrados y otros servicios con detalle y, por supuesto, "conforme al salario mínimo" —con el que nadie puede vivir y mucho menos pagar un alquiler de los actuales—, el Estado o mejor dicho: los poderes públicos estarán fomentando la **desigualdad más antisocial** que se conozca. No importa que también se haga así en cualquier otra parte del mundo, lo esencial es que nuestra Carta Magna nos otorga ese derecho y los poderes públicos tienen el deber de cumplirlo. Para hablar de otros países también hay que sopesar los ingresos que tienen sus ciudadanos medios y también si hablamos de **estados sociales** o no, y sociales no es en absoluto sinónimo de socialista.

Otro punto sería presentar una doble opción: un pago inferior de impuestos o un pago (fraccionado o no) en el baremo correspondiente, para invertir en Deuda Pública y en este caso con las desgravaciones e intereses correspondientes. No cabe duda de que sería mucho más justo y más promovedor de situaciones ciudadanas igualitarias.

Un Estado puede necesitar dinero. La ciudadanía de ese Estado lo admite, pero lo que no es fácil de admitir es que ese dinero que al final beneficiará a los que pudieron invertir[33] procederá del pago a través de impuestos de aquellos que no pudieron invertir en Deuda Pública con sus correspondientes beneficios, a cargo

---

[33] Esto es: a los más capacitados que paradójicamente saldrán mejor parados con el beneplácito de los poderes públicos que teóricamente deben corregir las injusticias y redistribuir la renta.

de los Presupuestos de los años sucesivos, a menos que se tomen algunas medidas al respecto y *si se escucha al pueblo*, evidentemente muy mal representado, como se deduce del Apartado 2º de este Artículo 135 y esto es algo profundamente injusto e irritante.

Poco más que añadir salvo hacer mención a algunos datos de interés.

Hablamos de **Proposición de Ley** en aquellos casos en que se somete una iniciativa sobre la regulación de una materia a las Cámaras. Se entiende como iniciativas que no formula el Gobierno y pueden proceder tanto de un grupo de oposición como una popular. Cuando las formula el Gobierno se llama **Proyecto de Ley** y no tienen como en el caso anterior que someterse a la aprobación de la Mesa ni a la admisión a trámite ni a la toma de consideración por el Pleno que es lo que sucede con las proposiciones. Trámites que la mayoría utiliza para derribar sistemáticamente toda iniciativa legislativa de la oposición.

Es el Gobierno quien hace y deshace en todos los ámbitos. Sin embargo, está sometido al control del Parlamento. Anteriormente se hizo referencia a la escasa eficacia de la **moción de censura**.

Normalmente el Gobierno sale del Partido que ha alcanzado la mayoría por lo que no cabe esperar que salga derribado de tal envite. Ahora bien ¿qué utilidad tiene? A lo mejor que salga derribado si se ponen de acuerdo varias fuerzas de oposición minoritarias pero sólo será cuando la mayoría del Partido del Gobierno no sea muy fuerte.

Este refuerzo de posición por parte de los partidos en el gobierno ha dado lugar a pactar lo indecible con gobiernos autonómicos para la permanencia en el poder desmembrando el país en una mayoría de ocasiones con gran irresponsabilidad por su parte. Un juego sucio y oscuro de intereses políticos que debería ser objeto de presidio pues todo tiene límites. Y no sólo actúan así en las mociones de censura, también para sacar adelante una ley cualquiera en la que se prevé una notable oposición.

El objetivo final de la Moción de Censura se destina a la "opinión pública" por eso la necesidad de que el pueblo tenga *una razonable cultura política*, que al menos esté algo informado para no perder la oportunidad de brindar el voto de castigo tan temido. Todos, Gobierno y representantes de los distintos partidos intentarán manipular a esta opinión pública desinformada.

Si, por el contrario, podemos sacar nuestras propias conclusiones, podremos percibir esta manipulación y el objeto de la Moción de Censura que, o bien lo que pretende es una "toma de poder" por adelantado por parte de la oposición mayoritaria (es decir: el segundo partido mayoritario en la oposición) o bien pretende que el pueblo conozca el alcance de la "falta de cumplimiento de promesas electorales"[34] por un Gobierno de un partido muy mayoritario contra el

---

[34] Absolutamente innecesario toda vez que el pueblo ya es consciente de que sucede así aunque no sea mayoritariamente. Mucho más a raíz de los incontables casos de corrupción y prebendas

que no puede actuar; en estas circunstancias la moción de censura equivale a una denuncia pública que sólo tendrá efectividad para el futuro, en futuras elecciones, y siempre que el pueblo tome conciencia exacta de la situación.

Frente a la Moción de Censura existe otro mecanismo denominado **Cuestión de Confianza** y opera en sentido inverso. Lo que pretende es reforzar la acción de Gobierno cuando este gobierno procede de un partido que no ha obtenido una buena mayoría. Con esto lo que se pretende es que, obtenida esa confianza aunque se trata de un riesgo evidente, la oposición no obstaculice su gestión de Gobierno, en este caso la iniciativa la toma el propio Presidente de Gobierno.

Si el Gobierno pierde la Moción de Censura o no tiene la Confianza del Congreso (Artículos 113 y 114) deberá presentar la dimisión al Rey. La dimisión del Presidente de Gobierno implica la de sus ministros dado el Principio de Responsabilidad Solidaria.

Dentro del Gobierno, hemos adoptado la fórmula "presidencialista". El Presidente de Gobierno en España tiene una posición de claro liderazgo. Los ministros dependen de su voluntad. El Presidente está facultado para su nombramiento y cese libremente.

Es triste comprobar lo "faltos de democracia" que también están nuestros políticos. Tan pronto un partido gana unas elecciones, una cosa es interpelar al Gobierno y otra muy diferente torpedearlo. No dejar que actúe. Es envidiable el nivel político de otras democracias de nuestro entorno, especialmente me refiero a la de los Estados Unidos donde una vez sale elegido un presidente, todos a una respaldan y apoyan la gestión del gobierno hasta las siguientes elecciones.

Si en España no se cambia esta óptica y nuestros políticos se democratizan, no auguro demasiado futuro al país porque constantemente lo estamos torpedeando haciendo realidad aquella triste frase de **Otto Von Bismarck** que decía: *«Estoy firmemente convencido de que España es el país más fuerte del mundo. Lleva siglos queriendo destruirse a sí mismo y todavía no lo ha conseguido. El día que aprendan a construirla volverá a ser la primera potencia mundial».*

¿Primera potencia mundial? Mucho tendremos que aprender para eso y desgraciadamente se perdió hace siglos.

Y llegamos al final de este estudio que no ha podido pormenorizarse en todo el Articulado de la Constitución dada su extensión y se ha limitado a contemplar los aspectos esenciales que toda la ciudadanía debe conocer en profundidad.

La Constitución Española vigente requiere una profunda revisión y es de esperar se lleve a cabo. Excesivamente larga y con contenidos que muy bien podían haberse derivado a leyes, y contenidos expresos que los poderes públicos ignoran. Lo necesario es un escaso articulado: su enseñanza exhaustiva desde los mismos

---

políticas varias que se han ido conociendo y han estallado alarmantemente hasta el año 2014.

centros escolares y para ello no ha de ser larga y ha de estar perfectamente definida, que el Tribunal Constitucional no sea tal por su falta de necesidad pues bastaría una sala dentro del Tribunal Supremo y la reforma o supresión de ciertas instituciones como el Senado o que los poderes públicos lleven a cabo ciertos mandatos que no cumplen en relación con garantías ciudadanas o sin ir más lejos la misma regulación del derecho a la huelga que sigue sin producirse.

Todo tuvo sentido en un momento difícil. Es posible. No obstante las cosas cambiaron e irán cambiando más con el tiempo. Una Constitución que *ate demasiado las cosas* no pervivirá en el tiempo y lo esencial es su continuidad con muy pocas enmiendas en el futuro. Para el detalle insisto una vez más, están las cambiantes leyes y ha de constituir la esencia informadora permanente y por ello en abstracto.

Según hemos visto se ha excluido de todo poder decisorio al pueblo soberano. No es extraño por eso que nuestros representantes ignoren las manifestaciones, incluso prohibidas por la Constitución en su Artículo 77 como medio "de petición". Supongo que queda probado que nuestros representantes, que no representan demasiado a gran parte de la ciudadanía algún día se hagan conscientes de que en base a tomar tantas medidas de "autoprotección representativa" han vaciado de contenido algo tan importante como los valores que tan artística y ampulosamente se propugnan como valores superiores de nuestro ordenamiento jurídico: Libertad, Igualdad, Justicia y Pluralismo Político.

Da la impresión de que salvando el Pluralismo Político, que tampoco lo es tanto dada la Ley Electoral, los demás valores deberán ser fomentados antes de que caigan aún más en la poca credibilidad. No es tan grave ir acostumbrándose a que el "pueblo" no es tan ignorante como al parecer suponen. Lo que en su día pudo tener explicación en aras a conseguir una saludable democracia si, como están las cosas, se restringe a estos niveles la participación ciudadana que es uno de los pilares democráticos pronto nos enfrentaremos a una democracia enferma por desuso.

El ideal sería la sustitución de la representación existente por una elección directa y la obligatoriedad de que el cumplimiento del programa sea imperativo. El pueblo español requiere este respeto por parte de sus poderes públicos.

Madrid, 16 agosto de 1988

(Revisado en noviembre 2014)